QIYE CHENGZHANGLI SHUJIA
企业成长力书架

工作无小事

GONG ZUO WU XIAO SHI

终结版

龚 俊◎编著

优秀企业
最值得推荐的
员工工作理念读本

中国物资出版社

图书在版编目（CIP）数据

工作无小事（终结版）/ 龚俊编著．—北京：中国物资出版社，2010.6（2016.1 重印）

ISBN 978-7-5047-3429-7

Ⅰ.①工… Ⅱ.①龚… Ⅲ.①企业—职工—职业道德 Ⅳ.①F272.92

中国版本图书馆 CIP 数据核字（2010）第 100441 号

策划编辑　黄　华
责任编辑　黄　华
责任印制　方朋远
责任校对　孙会香　杨小静

中国物资出版社出版发行
网址：http：//www.clph.cn
社址：北京市西城区月坛北街 25 号
电话：（010）68589540　邮政编码：100834
全国新华书店经销
三河市西华印务有限公司印刷

开本：880mm×1230mm　1/32　印张：8　字数：124 千字
2010 年 6 月第 1 版　2016 年 1 月第 2 次印刷
书号：ISBN 978-7-5047-3429-7 / F·1352
印数：5001—7100 册
定价：20.00 元
（图书出现印装质量问题，本社负责调换）

前　言

别拿小事不当工作

在职场中，你是否遇到过以下情形：

情形1：刚毕业的你，初进职场做的工作却是那些很琐碎的小事，总觉得这些小事不重要，成天无所事事，找不到自己的工作价值，如果你在学校里非常优秀，那么这种想法就会更强烈。

情形2：你日复一日地工作一段时间后，已经感受不到工作的新鲜感，取而代之的是工作的枯燥、卑微甚至讨厌自己的工作。因此，你在工作中敷衍、得过且过，你再也不愿意“傻傻”地全身心地投入到工作中的小事情上去，而是将大部分“聪明”的心思用在如何摆脱目前的工作环境、成就一番大事业上。

无论是职场新人，还是职场老将，我们都有一个误区：在工作中要做就做那些惊天动地、让自己激动不已的事情！

事实上我们每个人所做的工作，都是由这些琐碎的小事一件件构成的。作为一个饭店的服务员，每天的工作就是对顾客微笑，回答顾客的提问，打扫房间，整理床单等；作为普通员工，每天所做的可能就是接听电话，整理报表，绘制图纸之类的小事……你是否对此感到厌倦，感觉工作毫无意义，总是提不起精神，是否因此而敷衍应付，心里有了懈怠？或许你会说“这些都是小事，没有太大意义”——这不能成为你的借口。我们一定要记住：伟大的事情往往都是简单的小事。

有这么一个故事：

在开学第一天，苏格拉底对他的学生们说：“今天咱们只做一件简单的小事，每个人尽量把胳臂往前甩，然后再往后甩。”说着，他做了一遍示范。“从今天开始，每天做300下，大家能做到吗？”学生们都笑了，这么简单的小事，谁做不到呢？可是一年之后，苏格拉底再问的时候，全班却只有一个学生坚持了下来。这个人就是后来的大哲学家柏拉图。

如果你因为事小而不愿去做，或抱有一种轻视的态度，那么你的职业生涯也将因此而出现转折，你心目中的大事也只能是空想而已。平凡的是工作岗位，不平庸的是工作态度。无论你从事的工作多么琐碎，都不要看不起它。

相反，你本着工作无小事的心态去面对工作，通过这些小事、琐事积累丰富的工作经验，提升自己的能力，长此以往，你就会发现，正是这些简单的工作成了你今后发展的基石。

真诚地希望职场人士牢记这句话：别拿小事不当工作！

作　者

2010 年 4 月

目录

Contents

第一章　工作中无小事

第二章　态度无小事，认真最重要

第三章　细节无小事，见微才能知著

第四章　执行无小事，到位是关键

第五章　小事情与大事业只有一步之遥

第一章

工作中无小事

小事情 VS 大责任

每个人所做的工作，都是由一件件小事构成的，但不能因此而对工作中的小事敷衍应付或轻视责任。所有的成功者，他们与我们都做着同样简单的小事，唯一的区别就是，他们从不认为他们所做的事是简单的小事，事情越小，责任越大。

我们时常能听到有人抱怨：自己的工作烦琐，每天都是处理小事情，每天都是重复、重复再重复……可能现在你就有这样的念头闪现。但是，你必须要明白的是，在这个世界上，在我们每一个人的日常工作当中，小事情往往都和大责任联系在一起！

高茜是某大学的高才生，毕业后，经过层层比拼，进了一家世界500强的德国公司的在华总部，给销售经理当秘书。可高茜上班后才发现，每日工作面对的都是琐碎又琐碎的小事，既无须多少专业知识，又看不出它们有多大意义。没过几天，高茜为能在世界500强公司工作的一腔热情就逐渐冷却了下来。

一次，公司参加一个大型项目的招标会，部门所有人员都连夜准备文件，高茜负责最后的文件装订工作。销售经理分配工作时一再叮嘱高茜："一定要做到万无一失，别到时措手不及。"高茜听了很不以为然，心想：这是每个人都会做的事，还用得着你这样婆婆妈妈地嘱咐？所以，高茜没加理会。同事们忙忙碌碌，高茜只在座位上装模作样地做自己的工作，实际上是在看一本流行杂志。文件终于交到高茜手里，她开始一份份装订。没想到，只装订了几份，订书针就用完了。高茜漫不经心地打开了订书针盒，脑子轰地一响：里面没有订书针了！高茜马上翻抽屉到处找，可不知为什么，平时随处可见的小东西这会儿却踪影全无，而这时已经是晚上11点多了，公司只剩下自己一个人了……

第二天招标会上，公司因为没有及时提供招标文件而落败……

高茜所在的公司为什么会在招标会上落败？是因为没有及时提供招标文件。究其原因，还是高茜的工作失误。表面上看，装订文件这样的小事情不值一提，但是，工作上的“大事情”却是由无数这样的小事情组成的！在现代企业里，每个人都是企业管理的神经中枢，每一个人的在自己看来毫不起眼的工作都有可能被不断地放大，以致影响整个企业的工作！一旦其中一个环节出错，小事情也会凸显大责任！

如果小事情做不好，你肯定会承担工作失误的大责任；如果把小事情做好、做到位，领导一定会让你承担大责任。在工作中，有的人眼高手低，总以为自己的文凭高、工作经验丰富、应该做更大的事情，而不屑于去做那些微不足道的小事。但是，事实却是小事情做好了，才能承担大责任！

大学毕业后，刘强进了上海一家知名广告公司工作。这是一家集市场调研、企业形象策划、品牌推广、创意设计、广告制作、印刷于一体，综合素质高、专业性强的广告设计公司。能在这样专业对口的大公司发展，使刘强对未来充满了信心。

可是，进了公司之后，刘强觉得公司并不信任他，主管领导只让他送送资料，甚至帮其他的设计人员端茶倒水。刘强想：这对我来说岂不是大材小用吗？因此，刘强对同事安排的工作只是应付一下而已，他做好了跳槽的准备！

一天，设计部周经理从刘强手里接过材料，不禁眉头一皱，说：“小刘，你是不是没有把这些小事情放在眼里？”刘强连忙说道：“没有！”周经理指着材料说：“你看，这张纸卷角了，你却没有抹平！你不会连这样一件小事情都做不好吧？年轻人，我原来也跟你一样做过这些小事情，也跟你一样没把这些小事情放在心里，也出现过你这样的小问题。当时的部门经理，也就是现在的总经理，严厉地批评了我，并语重心长地对我说——要想承担大责任，必须先把每一件小事情做好、做到位！”

“要想承担大责任，必须先把每一件小事情做好、做到位！”这句话对刘强震动非常大。从此，刘强开始认真地对待自己干的每一件小事情，就是给其他的设计人员端茶倒水，刘强也按照专职服务员的规范来要求自己。

三个月后，公司安排刘强设计某品牌饮料的广告。在设计过程中，刘强对周经理那句话有了更深刻的认识，因为整个设计广告的过程分开来看都是一件件小事情，比如收集大量的类似广告，对词语的推敲，等等，这些小事情每一件都做到位、做好了，独具特色的优秀广告也就设计出来了。

两年后，刘强被公司提拔成了部门经理。

的确，一个人如果不能对每一件小事情都负责，把每一件小事情都做好，就不可能对大事情负好责，做成大事业。现实工作中，难就难在对每一件小事情都负责，有许多人总是认为做琐碎的小事情，不但浪费自己的时间，而且对自身的成长也无益。而实际上，这样的想法完全错了，如果你都不愿意把小事情做好，谁又能放心把大事情交给你做，又何来大事业可做？于是，你只有在敷衍塞责中混日子。与其浑浑噩噩浪费时间，不如从你经手的每一件琐事、每一件小事情中得到成长。从小事情开始，逐渐锻炼自己的意志，增长自己的智慧，日后才能做大事，而眼高手低是永远无法做成大事的。

一个能把小事情做好、做到位的人，将来自然能承担更大的责任；而一个只想着做大事的人，他会忽略很多小事情，因为大事是由很多小事情组成的，结果是他肯定不会成功！其实，不管是反面的教训，还是正面的影响，小事情和大责任之间一定是画等号的！

延伸阅读

在小事中建立责任感

责任感可能在小事中失掉，也可能在小事中建立起来。如果说大事能检验一个人的智慧和决断力，那么，小事更能检验一个人的意志力和责任心。一位曾多次受到公司嘉奖的员工说："我多次受到公司的表扬和奖励，其实我觉得自己真的没做什么，我只不过是把工作中任何一件小事都用 100% 的责任心去完成而已。其实担当责任或者愿意负责并不是一件困难的事，如果你把它当做一种生活态度的话。"

要是你想让老板知道你是一个可造之材的话，那么最好、最快的方法就是对工作中的每一件小事都尽心尽力地去完成。因为小事中包含着大责任，老板会从你的表现中看到你对公司的忠诚，对工作的态度和对事业的执著。不要总抱怨没有机会，当你少一些牢骚、少一些理由，多一分认真、多一份责任的时候，机会自然会来敲你的门。

请根据本节内容写出你的体会和改善计划

体会：______________________________

____

____

____

____

____

改善计划：

事无大小之别，只有轻重缓急之分

大多数的工作都是由琐碎的小事组成的，分清这些事情的轻重缓急远比分清事情的大小更有利于工作！

我们所做的工作，都是由一件件小事构成的，因此每个人都不应对工作中的小事轻视懈怠或敷衍应付。请记住，工作之中无小事。所有的优秀员工，他们与普通员工一样都做着同样的小事，唯一的区别就是，他们从不认为自己所做的事只是简简单单的小事。

有时，一件看起来微不足道的小事，或者是一个毫不起眼的变化，却能改变你在职场上的际遇。真正想成就大事的人，从来不小看小事的作用，而是把工作做到每一个细节处，从而赢得老板的赏识，获得更多的发展机遇。他们懂得，任何工作都有轻重缓急之分。在工作中，事情并无大小之分，关键要看这件事情是否紧急，是否重要。

只有分清哪些是最重要的事并把它们做好，你的工作才会变得井井有条、卓有成效。凡取得卓越成绩的员工，办事的效率都非常高。这是因为他们能够利用有限的时间，高效率地完成至关重要的工作。任何工作都有主次之分，如果不分主次地平均使力，在时间上就是一种浪费。所以，在关键部位，在主要工作上，我们要用全部精力，将其做到最好。

白手起家的查理·鲁克曼经过12年的努力后，被提升为派索公司的总裁，年薪10万美元，另有上百万美元的其他收入。他把成功归功于杜赫提谈到的两种能力。鲁克曼说："就记忆所言，我每天早晨5点起床，因为这一时刻我的思考力最好。我计划当天要做的事，并按事情的轻重缓急做好安排。"

一家杂志社由于人力有限，几乎每个人都身兼数职，从采访、写稿、编辑、校对到剪报皆一手包办。而在"截稿"与"出刊"的双重压力下，每个编辑都很有默契地把“剪报”工作列在最不重要的位置。结果一天一天地拖下来，每个人背后的报纸堆得比人还高，办公空间变得越来越狭窄。在这样拥挤的环境中工作，每个人的心情都糟糕透了，工作效率也越来越低。

最后，经过商量，大家决定把超过三个月的报纸全部丢掉，其余报纸则聘请专人进行分类处理。当大家再次看到身后久违的白墙壁，重新拥有宽敞的办公空间，并且呼吸到没有油墨味的新鲜空气时，心情都大好，工作效率也随之提高了。

“剪报”在所有人看来都是很小的事情，但是如果长期忽视这件小事，它就变成了必须聘请专人才能完成的大事。因为即使是这样的小事，对于工作来说，也非常重要。

在实际工作中，很多人喜欢根据事情的大小来区分事情是否重要，是否紧急。比如说，和客户签合同重要，但是却认为打印合同不重要。这是不对的。

事实上，工作本身重不重要、紧不紧急没有完全的界限，需要通过日常工作，总结经验才能知道。比如说客户要账号，你把传真传过去了，但你有没有与对方再打个电话确认一下是否收到？经常有这样的情况，你把传真传过去了，但却因为种种莫名其妙的原因，对方没有收到，而你也认为已经传过去了，但没有跟踪确认的过程。所以可能半个小时后，客户就气冲冲地打电话过来说：你是不是不想让我打款呀，怎么还没把账号发过来。你觉得很委屈，客户也很生气。你既要花很多时间解释已经发了，还要抚慰客户的情绪。这既浪费了你之前的工作成果，又浪费了你更多的时间，还很难达到预期理想的效果。毫无疑问，发传真确实很重要，相较之下，发过传真之后打电话确认对方是否收到传真就显得微不足道了。但是，如果不能确定对方已经收到传真，那么，发传真这件非常重要的事就变得毫无意义了。

由此我们可以分出什么是重要的事、什么是紧急的事。所谓重要的事，即如果不做可能会导致什么不良后果的事。而紧急的事是指如果不去做，会有一个以上的人等待你给予答复，并且只有你前进了，他才能前进的事。否则你的时间可能没耽误，但可能会耽误其他很多人的时间，造成不良影响。"

梁涛是某公司的市场策划人员。一次，上司让他在一周内提交一份公司同类产品在南京市各大商场的销售分析报告。

接受任务后，梁涛没有一分钟的耽误，立即乘车赶到南京市，又马不停蹄地到几个大的商场和批发市场做了详细调查。回到公司后，他立即开始整理各种数据，并着手写调查分析报告。

同办公室的方毅见了，劝梁涛道："你刚从南京市回来，休息一天再写也不迟呀，今天才星期三呢。"

"不，我得尽快地写好报告。"

"经理不是让你星期五才上交吗?"

"没错，但我想早点完成比晚完成更好。"说完，梁涛便埋头工作起来。

星期四下午，经理突然来到办公室，对梁涛说："调查分析报告完成了吗？总公司刚才来电，要我连夜带着这份报告过去开会，因为竞争对手正在调整市场，我们也得迅速部署另一套营销方案，以应对市场的变化。”

“已经完成了。我正准备送到您的办公室去呢。”梁涛说。

“好样的，小伙子。我来你办公室之前是不抱希望的，因为要在这么短的时间内完成报告实在不容易，但你做到了，谢谢你！如果没有这份报告，我还真不知道怎么向总公司交代呢。对了，总公司决定在南京市成立分公司，正在挑选负责人呢。我这次去总公司，会把你的名字报上去的。”

梁涛明白调查分析报告的重要性，所以在规定的时间内提前完成了工作任务，而得到了领导的肯定和嘉奖。如果他把这件事当做一件小事，不放在心上，那么，很可能就因为这份调查分析报告而影响到公司的发展，以及他自己的前途。所以，我们说工作中的事没有大小之分，只有轻重缓急之分。如果是紧急的、重要的事情，无论多小也是大事。比如说，给客户回复一封邮件，错过了时间可能就成了无效的了。除此之外，还有重要的事，即使很小也不能忽略。比如说，打印文件，虽然很小，却很重要，因为文件是关系一家企业生死存亡的关键。

当然，我们并不是说不重要、不紧急的事情就是小事，很多时候，此刻是不重要、不紧急的事情可能到另一个时间就是重要、紧急的事了。因此，在工作中，我们要善于总结、随时应变，时刻注意事情的轻重缓急，而不应该主观草率地断定大事或是小事，这样很有可能会耽误工作，进而耽误前程。

延伸阅读

有效组织工作

1. 同时进行多项工作

办事要有顺序，并不是同一时间内只能办一件事，而是要运用系统论、运筹学等原理，同时综合进行几项工作，这样效率就会大大提高。

2. 把若干步骤结合起来

有两项或几项工作，它们虽然互不相同，却又有类似之处、互有联系、实质上又是服务于同一目的，因而可以把这两项或几项工作结合为一，利用其相同或相关的特点，一起研究解决，这样就能节省时间。

3. 改变步骤的顺序

考虑做工作时采取什么样的顺序最合理，善于打破自然的时间顺序，采取电影导演的“分切”、“组合”式手法，重新进行排列。

4. 尽可能把不同性质的工作内容互相穿插，避免打疲劳战

如写报告需要几个小时，中间可以找人谈谈别的事情，让大脑休息一下。

5. 尽量用简单的方法解决工作

如能打电话的就不写信，需要写信的可以改为写便条，需要每周出访的可以改为隔周一次，在不出访的那一周里，可用电话代替出访。

6. 作业标准化

用相同的方法来安排那些必须时常进行的工作，比如，记录时使用通用的记号，这样一来就简单了。对于经常性的询问，事先可准备好标准答复。

请根据本节内容写出你的体会和改善计划

体会：＿＿＿＿＿＿＿＿＿＿＿＿＿＿＿＿＿＿＿＿＿＿＿＿＿＿＿＿＿＿

改善计划：＿＿＿＿＿＿＿＿＿＿＿＿＿＿＿＿＿＿＿＿＿＿＿＿＿＿＿

只有琐碎的事，没有小事

无论多么优秀的人才，在工作初期都有可能被派去做一些琐碎的小事。在这种情况下，有一句重要的忠告需要年轻人铭记在心：与其浑浑噩噩浪费时间，不如从你经手的每一件琐事中得到成长。

人们都有这样的观念：只想做大事，而不愿意或者不屑于做小事。因而，想做大事的人太多，而愿意把小事做好的人太少。实际上，工作中没有小事，只有琐碎的事。

随着经济的发展，专业化程度越来越高，社会分工也越来越细，真正所谓的大事实在太少。比如，一辆福特牌小汽车，有上万个零部件，需上百家企业生产协作；一台拖拉机，有五六千个零部件，要几十个工厂进行生产协作；一架“波音747”飞机，共有450万个零部件，涉及的企业单位更多。

所以，许多人所做的工作都只是一些琐碎的事、具体的事、单调的事，它们或许过于平淡，但这就是工作，就是生活，就是成就大事不可或缺的基础。这些事可能看起来微不足道，但它们仅仅是琐碎、具体而已，如果因此认定它们是可做可不做的小事，那么你的工作将很难开展，你在企业中的价值也将被质疑。

小沈大学毕业后就进入一家著名公司，他的同学和朋友都很羡慕。他本人也多次扬扬得意地说：“你们就等着看吧，公司将会因我而改变，总有一天公司将会以我为荣。”

小沈以为公司将会把他安排在管理岗位上，没想到他却被安排到车间做维修工。维修工作非常琐碎，不但很脏、很累，而且很不体面。干了几天，小沈就开始抱怨：“让我干这种工作，真是大材小用！”“维修这活太脏了，瞧瞧我身上弄的！”“每天都是面对这些零件，我简直讨厌死这份工作了！”

一天，公司接到了一份很大的订单。为此公司要求维修工对设备进行检修并严阵以待，保证设备正常运转。小沈心想：这种小事还需要这么大的阵势吗？于是，他像平常一样敷衍了事地应付检修，结果留下了隐患，导致设备在生产最忙碌的时候出了故障。经过全体维修工的抢修，还是耽误了生产，延误了交货日期，公司为此蒙受了严重的损失。

年底公司裁员，小沈被裁掉了。

职场中，我们经常看到像小沈这样的员工，总觉得自己的能力有多么多么高，总想着一步登天，一下子就做出一番大事业，而不屑于做琐碎的基层工作。漫不经心地对待基层工作的最大损失，就是浪费掉了最好的学习锻炼机会。

大多数职场新人，刚刚踏上工作岗位的时候，是看不出太大差距的。但是基层工作的经历，以及对待基层工作的态度，会为其以后职业生涯的发展奠定基础，对其是至关重要的。但是很多人觉得日常的琐碎工作人人都能做好，没什么了不起。然而就是这些简单的工作，循序渐进地、隐约地，就成为今后发展的分水岭了。

一位部门主管曾这样评价过两名职员："一个透着一股聪明劲儿，整日夸夸其谈，开始还比较引人注意，但一段时间下来，发现这个人工作很不踏实，一碰到烦琐的事就往后躲，最大的毛病就是懒，能写 50 个字绝不写 51 个字，很快就被淘汰了。而另外一个，看起来不是非常聪明，但后来发现他很踏实肯干，很快就适应了环境，结果在我们那里发展得最好。所以，作为一名员工，勤快点总没有错，最忌讳的是眼高手低又懒惰。"

张玲名牌大学本科毕业后应聘到一家著名的公司任总经理助理。总经理非常喜欢这个聪明、性格活泼的女孩，经常手把手地教她业务知识。张玲学得也快，很多工作一教就上手。尽管如此，因为她缺乏经验，很多事情还是会出错，但是经理总是宽容地叫她以后多多注意。

但是一段时间后，张玲对总经理说出了她的

困惑："为什么总是让我做这些琐碎的工作？"

总经理问她："什么叫做不琐碎的工作呢？"

她答不上来，想了半天说："我总觉得，我的能力不仅仅能做这些，我还能做一些更加重要的事情。"

后来总经理说，先把手头的工作做好，先避免常识性错误的发生，然后循序渐进吧。

半年以后，张玲再一次找到总经理，第一次提出辞职。当总经理问起辞职的原因，张玲直言："本科四年，功课优秀，没想到毕业后找到的工作却是每天处理些琐碎的事情，没有成就感。"

总经理又问她："你觉得，在你现在所有的工作中，最没有意义的、最浪费你的时间和精力的工作是什么？"

她马上回答说："帮您贴发票，然后到财务去走流程，最后把现金拿回来给您。"

总经理笑着问她："你帮我贴发票报销有半年了吧？通过这件事，你总结出了一些什么信息？"

张玲待了半天说："贴发票就是贴发票，只要财务上不出错，不就行了，能有什么信息？"

总经理说："当年，我从财务被调到了总经理办公室，担任总经理助理的工作。其中有一项工作，就是跟你现在做的一样，帮总经理报销他所有的票据。本来这个工作就像你刚才说的，把票据贴好，然后完成财务上的流程就可以了。其实票据是一种数据记录，它记录了和总经理乃至整个公司营运有关的费用情况。看起来没有意义的一堆数据，其实涉及了公司各方面的经营和运作。于是，我建立了一个表格，将所有总经理在我这里报销的数据按照时间、数额、消费场所、联系人、电话等记录下来。通过这样的一份数据统计，渐渐地我发现了一些上级在商务活动中的规律，比如，哪一类的商务活动经常在什么样的场合，费用预算大概是多少；总经理的公共关系常规和非常规的处理方式；等等。我的上级发现，他布置工作给我的时候，我会处理得很妥帖。有一些信息是他根本没有告诉我的，我也能及时准确地处理。他问我为什么，我告诉了他我的工作方法和信息来源。渐渐地，他基于这种良性积累，把越来越多的、更加重要的工作交代给我。再渐渐地，一种信任和默契就此产生，我升职的时候，他说我是他用过的、最好用的助理。”

总经理看了一眼愣着的张玲，接着说：“我觉得你最大的问题，是你没有用心。在看似简单不动脑子就能完成的工作里，你没有把你的心沉下去，所以，半年了，你觉得自己没有进步。事实上，很多机会都隐藏在这些看似简单琐碎的工作里，只有用心对待它们，你才能抓住机会！”

最后，张玲不得不带着遗憾离开了公司。

工作本身就是由很多琐碎的事情组成的，因此，处理和分析日常琐碎之事就体现了一个人的能动力；在简单的工作中，才更能显示出一个人的真功夫。有很多人只做所谓的“大事”，不切实际也不务实。

工作中没有小事，只有具体的、琐碎的事，不要看不起这些琐碎的事，其实琐碎中孕育着伟大。那些在今天有所成就的人在开始的时候不是叫嚷着自己有多么远大的计划，而多是从最基础的、琐碎的事做起。没有人能够一步登天，凡事需要从一点一滴做起，如果缺少了对基层琐碎工作的积累和耕耘，一切都只能是空想。

延伸阅读

不可轻视工作中的任何一件事

画家莫奈画过这样一幅画，描绘的是修道院里几位正在工作的天使：其中一位正在架水壶烧水，一位正提起水桶，还有一位身穿厨衣正伸手拿盘子。从画面上我们可以看到，哪怕是生活中再平凡的事，天使们都做得非常认真。人世间任何一项工作都是有价值的，从事这项工作的人，通过辛勤劳动为社会、为企业、为他人作贡献，这些人就是人间的天使。

千万不可轻视工作中的任何一件事。任何工作，无论多么简单平凡，都值得我们努力做好。任何一项工作都有其存在的意义和价值，有时候就事论事，看不出此事有多大价值。但从整体和长远的角度来审视我们的工作，就会发现我们的工作非常重要。比如，接待客户的工作看上去很平凡也很简单，然而，如果接待人员态度不佳，势必会影响企业在公众心目中的形象，对企业长远发展不利。再比如，打字员的工作也不难，可是如果工作者不具备谨慎负责的工作作风，将重要文件打漏几个字，或打错数字，后果也是不堪设想的。企业中任何工作都不是小事，轻视任何一件工作都可能阻碍企业的发展。

请根据本节内容写出你的体会和改善计划

体会：______________________________

____

____

____

____

____

改善计划：___________________________

____

____

____

____

____

____

小事不是小人物的事

> 大人物，也不过是小事堆积起来的小人物而已。要想成就大事业，必须精心做事，从小事做起，从简单的事做起，从平凡的事做起，把每一件小事做好就能成就大人物。

或许你认为要成功就必须做轰轰烈烈的大事，而那些芝麻绿豆的小事，应该是小人物才做的。

事实上，任何大人物都是从小人物一步步走过来的，他们所做的轰轰烈烈的大事也都是由无数个小事累积而成的。我们大多数人都是普通人，在大多数的日子里，都是在做一些小事。怕只怕你连小事也做不好、做不到位。殊不知，能把自己所在岗位的每一件小事做成功、做到位就很不简单了。所谓成功，就是在平凡中做出不平凡的坚持。

东汉的时候，有一个叫陈蕃的人，他年轻时，日夜攻读，苦练内功，欲干出一番惊天地泣鬼神，令山河变色日月无光的大事业。

有一天，他父亲的朋友薛勤来访，只看到庭院一片荒芜杂草丛生，纸屑满地，满目萧然。便问他："你这小子为什么不打扫庭院来接待客人啊?"陈蕃回答道："大丈夫处世，应当治国平天下，区区一个院子有什么好打扫的呢?"薛勤叹了一口气，说道："你连一个庭院都不愿意打扫，那又怎么能治国平天下呢?"

我们的身边有太多的"陈蕃"。他们总以为大丈夫处世，当不拘小节，志在扫除天下。殊不知，大事皆由小事而成，小事不愿做、不屑做、拒绝做，大事就只能成为空想。

大家都知道"不积跬步，无以至千里，不积小流，无以成江海"的道理，可就是很难把每件小事都做好、做实、做对，究其根源，还是素养、品质上的不足。如果你真的想要成功，就一定要克服志大才疏、眼高手低、好高骛远的坏毛病，从身边的每一件小事做起。每一个所谓的“大事业”都是由许多小事构成的，每一个“大事业”也都是从小事做起的。

“海不择细流，故能成其大；山不拒细壤，方能就其高。”有些人认为，做了大官才能做大事，或者说只想做大事。但最终他肯定成不了大事，反而连小事也做不好。有些人认为，做管理者最好只管发号施令就是了，具体的小事是普通职员做的。实际上，在企业中，企业领导者除了制定发展战略，作管理决策外，落实实际执行中的细节也是他们重要的工作。真正优秀的领导者必须脚踏实地，积极了解并参与一些关键细节的执行，才能够准确及时地预见企业的发展目标是否能够实现，会遇到哪些阻力，原策略在哪些方面需要调整，等等。

如果你真的想要成功，就千万别看不起身边的小事，一定要摆正心态从身边的小事做起。很多时候，小事不一定就真的小，大事不一定就真的大，关键在于做事者的认知能力。

古人云：“勿以善小而不为，勿以恶小而为之。”

小事可于细微处见精神。有做小事的精神，就能产生做大事的气魄。不要小看小事，不要讨厌做小事，只要有益于工作，有益于事业，人人都从小事做起，用小事堆砌起来的事业大厦就是坚固的，用小事堆砌起来的工作长城就是强硬的。

> 小丽毕业后到一家公司上班，只被安排做一些非常琐碎而单调的工作，比如，早上打扫卫生，中午预订盒饭。一段时间后，小丽便辞职不干了。她认为，她不应该做这些小事，而应该坐办公室处理更重要的事。
>
> 但是由于缺乏经验，小丽换了一份又一份工作。每到一个新地方，她首先面对的都是打扫卫生，预订盒饭这些琐事。因此，小丽辗转了两年依然没有找到合适的工作。

刚进职场的新人，往往是做些琐碎的工作。但是不要小看它们，更不要敷衍了事，因为人们是通过你的工作来评价你的。一个普通的职员，即使有很好的见解，通常在被重用之前，也一定要奋斗一段时间，最重要的是自己要努力做到有让别人倾听自己意见的资格和成绩。许多白手起家而事业有成的人，在做职员的时候就能以最高的热忱和耐心去面对上司给予他们的小工作，这是非常常见的事实。

工作中每个人都有不同的分工，有些人负责一些比较重要且引人注目的工作，也有一些人负责的是常被人们忽视的琐事。如果你正是负责那些琐事的人，你或许会感到沮丧，沮丧起来或许就会忽视自己的职责，其后果是容易在工作中发生失误。

皮尔·卡丹曾说："真正的装扮就在于你的内在美。越是不引人注目的地方越是要注意，这才是懂得装扮的人。"

皮尔·卡丹的装扮理论在工作上同样适用，越是不显眼的地方越要好好地表现，这是成功的关键。忽略了小事就难成大事。小事虽小，但是它们锻炼了你的能力，赢得认可，才能赢得干大事的机会，而那些一心想做大事的人如果不改变"简单工作不值得去做""小事都是小人物才做的事"的浮躁心态，将永远不会实现大事业。

延伸阅读

小人物的大事业

在《现代汉语词典》中，对“大人物”的注解是“有地位有名望的人”。与之相对应，“小人物”则指“在社会上不出名、没有影响的人”。事实上，小人物在社会历史发展中的作用，是举足轻重的，也是不可或缺的。从这一点上来说，或者说在某一些事上，他们也是大人物。

科技部部长徐冠华曾给出了一组数据：“20 世纪中后期，美国基础研究中的重大科学成就，75% 来自于不为人们所普遍关注的‘小项目’，诺贝尔科学奖的得主也大都来自名不见经传的‘小人物’。”徐冠华发现，“这不单是一种现象，而且有可能是一个带有普遍性的规律。”

小人物成为大人物最大的也是最值得称道的秘诀就是持之以恒。只要具备了足够的恒心，小人物也能成就大事。万里长城不是一天建成的，宏伟的事业不是短时间内能够完成的。无数事实表明，凭着执著，很多小人物成长为了大人物。

请根据本节内容写出你的体会和改善计划

体会：____

____

____

____

____

____

____

____

____

改善计划：____________________________________

____

____

____

____

____

____

____

____

____

心中有责任，工作无小事

> 如果你想登上成功阶梯的最高层，你就必须永远保持积极的工作态度，充满责任感；永远保持主动率先的精神，即使是面对缺乏挑战或毫无乐趣的工作。

工作无小事，把细小的事做得很到位，大事自然就做好了。小事是过程，大事是结果，大是由小演变而来的，小事做不好的人，大事也一定做不了。所以在工作中无论面对多么琐碎的小事，都要心存责任，认真把事情做好。

一个对工作热忱、积极的人，无论他眼下是在挖土方，还是在经营着一家大公司，都会认为自己的工作是神圣的，并对此怀着深切的兴趣。对自己的工作有热忱的人，不论他的工作会遇到多少困难，或者需要多少努力，他都会不急不躁地去进行。只要你抱着这种态度，你就一定会成功，一定会达到你人生的目标。

肤浅的人野心勃勃地一心想成为伟人，他们只盼着能做一些一鸣惊人的壮举，而忽视和唾弃那些细小的责任和任务，而实际上，这些细小的责任和任务才正是需要他们重视的，并且在处理这些小事的时候要怀着一颗平常心。

伟人之所以伟大，是因为在他们的眼中，没有大小事之分，无论多么细小的事都值得他们认真负责地去完成。他们在所有事情上都竭尽所能，通过甘于自我牺牲的奉献精神和从小事做起的勇气，他们变得越来越英明，越来越有力量。这些琐事并无人喝彩也得不到任何回报，但他们却从中得到了经验，使自己变得越来越有价值，越来越强大。

在这个世界上，做好每一件事情都可以锻炼你的能力，做好每一件事情都可以在你事业成功的大厦中添上一块砖瓦。因此，对你来说，没有什么事情是不值得去做的，关键是你怎样看待它。

李刚刚毕业就应聘到一家私营企业从事外贸工作，他每天的工作都是一些不起眼的琐事：复印、收发传真、接打电话等，面对这些很琐碎的事情，他心中充满了困惑，难道自己一个大学毕业生就要一辈子都做这些谁都可以完成的工作吗？但是因为就业压力太大，尽管他心中不满，却依然在自己的工作岗位上“混”着。

有一天早上，公司的大股东王经理吩咐李刚去银行汇一笔钱给一个客户，李刚接到任务后马上带着相关材料到银行，赶在下班之前将这笔钱汇给了客户。

没想到第二天中午，李刚就被王经理叫到办公室。王经理的脸色很难看，第一句话就问李刚：“你给客户付款的账号写的是多少？”李刚马上意识到账号有可能出了问题，仔细对比后，他发现因为账号是客户方面通过短信发给自己的，而他在把账号记下的时候，最后一个数字正好换行，他没有把短信继续翻下去，故而漏掉了最后一个数字。

由于资金没有及时到账，导致客户那边不能

按时发货，进而损害了公司的信誉，也给公司造成了很大的经济损失。而李刚也因此失去了自己的工作。

工作中无小事，即使是一账号中的一个数字，也能成为成败的关键。好员工会满怀责任心认真对待工作中的每件小事，从来都不会敷衍了事。所以，要想成为企业最受欢迎的员工，必须时刻谨记自己的责任，认真负责地对待工作中的每一件事情，无论多么琐碎都要努力做到位。

一位人力资源部经理说："看一个人是否有责任感，不用从什么大的方面来看，就从那些细微的小事、下意识能做的事情就可以得到答案。"

现在，有些年轻人眼高手低，只想做大事，而看不起小事。年轻人要有理想，要有干大事的雄心，但一定要从小事做起，要有把小事做细的韧劲。从某种意义上讲，细节是对一个人综合素质最真实的考验。只要你真正领会"认真负责"四个字的重要性，踏踏实实地完成自己的任务，那么，你最终会得到回报，会在激烈的竞争中脱颖而出。

毕业后不久，小娟就应聘到一所知名的职业学校做校长办公室秘书，负责起草文件、对外宣传以及一些日常的接待工作。虽然都是一些日常琐事，但小娟一点儿也没有懈怠。她一有空闲时间，就想一想领导交办的事项是否都办妥了，自己还欠缺哪方面的知识，然后抓紧时间“充电”。

小娟先从了解学校各科室的职能做起，对照学校的远景规划和年度工作目标了解学校每项工作的进展情况，并对今后的工作做出前瞻性的预测和判断，以此提高自身的职业素养。在合适的时间，她就把自己成熟的想法向领导汇报。有时，虽然言语不多，但句句实在，再加上自己的独立思考，让领导感觉出她是个认真负责的人。

一次，小娟与校长去见一位与学校联合办学的公司总经理，签署一个重要的合同。当他们签合同时，外面下起了小雨，小娟从司机那里得知车上没伞，便立即掏出钱给司机，让他赶快到附近的商店买一把雨伞。等校长签完合同与合作方从宾馆里走出来时，雨下得正急，小娟紧跑几步，将伞递给校长，校长从容地为对方的总经理打上伞，送其上车。事后，校长对小娟的办事能力刮目相看。

小娟在学校干了四年，第一年是一名普通职员，第二年升任办公室副主任，第三年由副转正，第四年出任校长助理，而后小娟在猎头公司的介绍下进了一家著名企业。

正是对待工作有强烈的责任心，她才会注意到“雨伞”这样的小事，而也正是“一把雨伞”这样的“小事”，成就了小娟的职业生涯。

那么，我们在工作中应该如何强化自己的工作责任心呢？

首先，要充分发挥自己的主观能动性。当我们接到工作任务后，不能只是被动的服从，抱着完成任务、搪塞的态度去做，而要用正确的态度去看待这份责任，主动、认真、负责地去完成任务。

其次，我们在工作中对自己所做的工作要切实负起责任，要有创造性。在完成任务的过程中能够结合实际情况，在不违背工作原则的情况下，创造性地完成任务，而不是拘泥于一定的形式，束手束脚，要保持积极、认真的工作态度。

在工作中有责任心的人，从不会忽略工作中的小事。心中有责任，就没有小事。责任心表现得无处不在。一个对任何事都有责任心的人一定会是个好员工，也一定会拥有一个光辉灿烂的前程！

延伸阅读

员工责任心的体现

员工责任心体现在企业的各个方面和各个环节，在处理一件具体事情上，就体现在三个阶段：一是做事情之前；二是做事情的过程中；三是事情做完后出了问题。

第一阶段，做事之前要想到后果。第二阶段，做事过程中尽量控制，让事情向好的方向发展，防止坏的结果出现。第三阶段，出了问题敢于承担责任。勇于承担责任和积极承担责任不仅是一个人的勇气问题，而且也标志着一个人是否自信，是否光明磊落，是否恐惧未来。

请根据本节内容写出你的体会和改善计划

体会：

改善计划：

充电直通车

1. 体验小游戏：工作中无小事

本游戏环节体现的是个人的现场表现能力。

游戏规则：每个人面对大家阐述自己对工作中无小事的认识，并举自己身边的实例。每个人的准备时间为3分钟，阐述时间为3分钟。上一个人阐述完毕，大家分别给其打分，评分分值从1~10分的区间量取；去掉一个最高分，去掉一个最低分，取平均值后的分数为其最后得分。按最后得分由高到低排列，第一、二、三名给予适当的物质奖励。

游戏目的：让大家更为清晰地认识到工作中无小事。

通过本游戏，请你写下自己的感想

2. 互动环节：《你猜，你猜，大家猜猜猜》

本游戏环节体现的是榜样示范效应。

游戏规则：事先把单位内一些做事无论巨细都踏踏实实、兢兢业业的典型员工的工作事例编成小故事（可以渲染、夸大，但不能一眼就看出是原事例）。把这些故事制作成文本，分发给每个人，让大家猜猜都是谁，全部猜对者奖励一份小礼品。

游戏目的：通过游戏把榜样的示范效应放大。

通过本游戏，请你写下自己的感想

____

____

____

____

____

____

____

____

____

____

3. 星光大道大 PK：谁是“最平凡”而又是“最不平凡”的人

本游戏环节体现的是现场激励效应。

游戏规则：把所有的人按两个人一组进行分组。每一组可以从预先设置好的若干个工作场景中选择一个。然后，开始模拟工作，一次进行一组模拟，时间为3分钟，其他组的两人沟通后共同为模拟工作的两人分别评分。评分标准是重视工作中小事的程度；评分分值从 1～10 分的区间量取，去掉一个最高分，去掉一个最低分，取平均值后的分数为其最后得分。所有的小组 PK 完毕后，按最后得分由高到低选出 10 名得分最高者进行最后的大 PK！

最后的大 PK 的规则同前一轮 PK。最后，按个人得分由高到低排序，第一、二、三名给予适当的物质奖励，其余 7 名入围者每人给予一份小礼品以资鼓励。

游戏目的：通过游戏激励大家争做“最平凡”而又“最不平凡”的人，让重视小事的观念深入每一个人的心底。

通过本游戏，请你写下自己的感想

第一章

态度无小事，认真最重要

1%的失误会导致100%的失败

> 成功不是偶然的，有些看起来很偶然的成功，只是我们看到的表象。实际上，正是对一些小事情的正确处理方式，就已经昭示了成功的必然。

工作中的大事都是由小事组成的，尤其是在我们提出大口号、大目标的时候，更不能忽略那些看起来微小的东西。要知道，事物源于细节，细节决定成败。做任何工作，最重要的就是要关注细节。把握细节，才能确保获得成功。

在学校的考试中，100分的题如果你做错了一小点儿，那么你可以得到99分，即：100－1＝99；但在工作实践中，你所做的事情如果错了一小点儿，那么你可能只能得到0分，也就是说在工作实践中：100－

1 =0。比如，你是一名会计，当你填一张增值税发票时，10 个或者 20 个栏目，如果你填错了其中的一项，那么这张发票就作废了。所以说，工作无小事，更无小错。1% 的错误会导致 100% 的失败，所有的工作都将因此功亏一篑。

参加招聘会的早上，陈勇不慎碰翻了水杯，将放在桌上的简历浸湿了。为尽快赶到会场，陈勇只将简历简单地晾了一下，便将其和其他东西一起匆匆塞进背包。

在招聘现场，陈勇看中了一家深圳房地产公司的广告策划主管岗位。按照这家企业的要求，招聘人员将先与应聘者简单交谈，再收简历，被收简历的人将得到面试的机会。

轮到陈勇时，招聘人员问了陈勇三个问题后，便向他要简历。陈勇受宠若惊地掏出简历时才发现，简历上不光有一大片水渍，而且放在包里一揉，再加上钥匙等东西的划痕，已经不成样子了。陈勇努力地将它弄平整，递了过去。看着这份伤痕累累的简历，招聘人员的眉头皱了皱，还是收下了。

三天后，陈勇参加了面试，表现非常活跃，无论是计算机现场操作，还是为虚拟的产品做口头推介，他都完成得不错。当他结束面试走出办公室时，一位负责的小姐对他说："你是今天面试者中最出色的一个。"

然而，面试过去一周后，陈勇依然没有得到回复。他急了，忍不住打电话向那位小姐询问情况。小姐沉默了一会儿，告诉他："其实招聘负责人对你是很满意的，但你败在了简历上。老总说，一个连简历都保管不好的人，是管理不好一个部门的。你应该知道，简历实际上代表的是你的个人形象，将一份凌乱的简历投出去，有失严谨。"

应聘是我们走入企业的第一步，而简历则是企业考察我们最初的依据。陈勇尽管在整个应聘过程中都表现非常优秀，但却仅仅因为简历这一个细节就毁掉了自己的前程。同样，在工作中，我们要展示完美的自己很难，它需要每一个细节都很完善；但毁坏自己很容易，只要一个细节没注意到，就会给你带来难以挽回的影响。正是这些被我们忽略的1%毁掉了我们煞费苦心经营的100%。

细节存在于我们身边的每一件小事之中。严格遵守工作时间，上班不迟到，下班不早退，不因私事影响工作，良好的工作态度是细节；节约企业的一滴水、一张纸、一度电，养成随手关灯、关门窗的习惯是细节；所出具的数据、撰写的文章、产品的工艺指标都做到没有差错是细节；对经手的事，从时间、地点的确定，到准备什么、如何应对都有全盘的考虑是细节；生活中对同事、朋友的一句问候、一声劝勉，累时递上去一张椅子，渴时递上一杯水是细节；生产中减少跑、冒、滴、漏，实现安全无事故、设备无故障、装置长周期运行是细节；对每一个工艺指标的变化，每一台设备的维护及运行情况都做到心中有数等，这些都是细节。在平常工作中，我们应该从这些点滴小事做起，完善每一个1%，最终取得100%的成功。

一位妇女每星期都固定到一家杂货店购买日常用品。在持续购买了3年后，有一次她买完东西回家后，对照购物单发现，店里的收银员把本该打折的商品按照原价计算了。于是，她认为这家杂货店对顾客不负责任，便到其他杂货店购物。12 年后，她再次来到这家杂货店，并且决定告诉老板为何她不再到他的店里购物。老板很专心地倾听，并且向她道歉。等到这位妇女走后，他拿起计算器计算杂货店的损失。假设这位妇女每周都到店内花 25 美元，那么 12 年她将花费 1.56 万美元。

只因为 12 年前收银员的一个小小的疏忽，导致了杂货店少做了 1.56 万美元的生意！由此可见，关注细节，认真负责地对待每一件小事在工作中是何等重要！

成功的领袖或管理大师多半认为：大礼不辞小让，大行不顾细谨。身为领导人眼光要远、注意大事、少管细节。但是美国前任国务卿鲍威尔却要求领导人一定要注意细节，并充分掌握信息的进出。他在担任参谋首长联席会议主席期间，鹰派数次想发动战争，都因为他能够提出翔实而精确的伤亡数字和代价而作罢。他认为如果能掌握细节，就会作出截然不同的决定；

他说主管一定要清楚部门的状况，并安排掌握这些信息的管理；他认为领导人若消息灵通就可以在事前化解致命的伤害。

我们要用心留意我们工作的每一处细节，并一一做好。无论我们从事的是什么工作，在日常的工作中都应该从一点一滴做起，每个细节，每个操作流程，都要规范细致，不能有丝毫的马虎。

小事不可小看，细节彰显魅力。当我们学习时，要注意多多观察其中的细节；当我们集中精力，想在平凡的岗位上创造更大的价值时，要心思细腻，从点滴做起，以认真的态度做好工作岗位上的每件小事，以认真负责的心态对待每个细节。让我们做每件事都本着“完成每一个细小的1%”的态度，最终达到成功！

延伸阅读

“蝴蝶效应”

1979年12月，洛伦兹在华盛顿美国科学促进会的一次讲演中提出：一只蝴蝶在巴西扇动翅膀，有可能会在美国得克萨斯引起一场龙卷风。他的演讲和结论给人们留下了极其深刻的印象。

从此以后，所谓“蝴蝶效应”之说就不胫而走、声名远扬了。产生“蝴蝶效应”的原因在于：蝴蝶翅膀的运动，导致其身边的空气系统发生变化，并引起微弱气流的产生；而微弱气流的产生又会引起它四周空气或其他系统产生相应的变化，由此引起连锁反应，最终导致其他系统的极大变化。此效应说明，事物发展的结果，对初始条件具有极为敏感的依赖性，初始条件的极小偏差，将会引起结果的极大差异。

“蝴蝶效应”之所以令人着迷、令人激动、发人深省，不但在于其大胆的想象力和迷人的美学色彩，更在于其深刻的科学内涵和内在的哲学魅力。从科学的角度来看，“蝴蝶效应”反映了混沌运动的一个重要特征：系统的长期行为对初始条件的敏感依赖性。

“蝴蝶效应”告诉我们，即使是蝴蝶扇动翅膀这样的小事也可能产生巨大的影响。因此，无论是多么细小的事情我们都应该认真对待！

请根据本节内容写出你的体会和改善计划

体会：

改善计划：

用100%的热情去做1%的事

> 要想获得这个世界上最大的奖赏，你必须像最伟大的开拓者一样，将所拥有的梦想转化为为实现梦想而献身的热情，以此来发展和销售自己的才能。

一个年轻人曾这样说："说实话，工作了这么长时间，我也不知道自己到底从中学到了什么，每天上司要求我做什么事情，我就会按照他的要求去做，从来没有想过这个工作是否适合我，我到底在这个公司能有多大的发展。只知道为了生存，我还必须在这个公司干下去。时间长了，我就对这种机械式的工作方式感到厌倦了，每天提不起精神来，工作对我而言，已经成为平淡无味的东西了。"

相信很多职场人士都有这个年轻人这样的感觉。

他们很茫然，因为他们不知道自己适合从事哪一行。一个只是为了生存而勉强工作的人，他怎么可能对工作产生感情，进而对公司产生热情？工作唯一存在的理由就是生存，就是谋生。在这个前提下，完全可以想象他的工作状态会是什么样的。

对工作的热情，简单地说，就是你愿意为工作付出你的一切努力，它寄托了你的喜怒哀乐，成了你的一种生活方式。对于一名员工来说，热情就如同生命。凭借热情，我们可以释放出潜在的巨大能量，发展出一种坚强的个性；凭借热情，我们可以把枯燥乏味的工作变得生动有趣，使自己充满活力，培养自己对事业的狂热追求；凭借热情，我们也可以感染周围的同事，让他们理解你、支持你，拥有良好的人际关系；凭借热情，我们更可以获得老板的提拔和重用，赢得珍贵的成长和发展的机会。

冷鑫是一家公司的采购员，工作非常勤奋，有一种近乎狂热的热情。他所在的部门并不需要特别的专业技术，只要能满足其他部门的需要就可以了。但冷鑫千方百计找到供货最便宜的供应商，买进上百种公司急需的货物。

冷鑫兢兢业业地为公司工作，节省了许多资金，这些成绩是大家有目共睹的。在他29岁那年，也就是他被指定采购公司定期使用的约1/3的产品的第一年，他为公司节省的资金已超过80万美元。

公司副总经理知道这件事后，马上就增加了冷鑫的薪水。同时，冷鑫在工作上的刻苦努力使他在36岁时成为这家公司的副总裁，年薪超过50万美元。

热情是一种状态。正如一位著名企业家所说的：只要你拥有对工作的极大热情，即使你不具备超人的才气，也会获得极大的收获——不论是在物质上还是精神上。冷鑫就是靠热情取得成功的典型案例。

一个对自己的工作充满激情的人，无论在什么公司从事什么工作，他都会认为自己所从事的工作是世界上最神圣、最崇高的一项职业；无论工作的困难有多么大，或是质量要求多么高，他都会始终一丝不苟、不急不躁地去完成。

一个没有热情的员工不可能始终如一、高质量地完成自己的工作，更不可能做出创造性的业绩。如果你失去了热情，那么你永远也不可能在职场中立足和成长，永远不会拥有成功的事业与充实的人生。当你用100%的热情做1%的事时，你每天就会尽自己所能、力求完美，而不去计较它是多么的“微不足道”，那么，将没有什么能阻挡你成功，而你周围的每一个人也会从你这里感染这种热情。

有位成功的理财专家曾讲过他的亲身经历。有一次，一家理财杂志社派了一位摄影师到他家中拍照。摄影师一会儿打光，一会儿要求理财专家调整姿势，几经摆布的专家终于不耐烦地抱怨：“我是个大忙人，可没时间在这里磨蹭啊！”

可是这位摄影师依然我行我素，完全投入在工作之中，一直到夕阳西下，拍出令他心满意足的照片才收工。

事后，有朋友问专家：“你为什么能容忍对方如此地侵占你的宝贵时间呢？”

他说：“这位摄影师显然要求很高，除非拍

到满意的镜头与角度，否则是不会罢休的，而让我感受最深刻的是他对工作的那份执著，我怎么忍心打消他的那股热情！”

工作不是三五天的事，而是一辈子的事，如果仅仅以“就业心态”混日子，那么就不会对自己在工作中实行高标准、严要求。上述案例中的摄影师正是把工作当成自己的事业，满怀热情地对待自己的每一张照片，这样做使他不仅圆满地完成了任务，还获得了客户的肯定。

员工的价值是什么？有人说，员工的价值是兢兢业业做好每一项工作；有人说，员工的价值是告别消极，以积极态度面对工作；也有人说，员工的价值是信守责任，成为企业最受欢迎的人。无论是哪个答案，毫无疑问都需要员工热情积极地对待自己的工作。

对于职业人员而言，当你正确地认识了自身价值和能力以及你的社会责任时，当你对自己的工作有兴趣感到个人潜力得到发挥时，你就会产生一种肯定性的情感和积极的态度，把自觉自愿承担的种种义务看做是“应该做的”，并产生一种巨大的精神动力。即使在各种条件比较差的情况下，也不会放松对自己的要求，反而会更加积极主动地提高自己的各种能力，创造性地完成自己的工作。

因此，在面对自己工作的时候，每一个 1% 我们都应该用 100% 的热情去认真努力地完成。著名的成功学家拿破仑·希尔说："人与人之间只有很小的差异，但这种很小的差异却往往造成巨大的差异。很小的差异就是所具备的心态是积极的还是消极的，巨大的差异就是成功与失败。"

一个人在工作中抱着什么样的态度，就会产生什么样的工作结果。德国一家跨国咨询企业的亚洲区负责人说："我们极其看重员工的工作态度。态度不端正，任何事情都不会做得很好，不努力就想获得成绩是根本不可能的事情。"

没有人一开始就会坐上总经理的位置，众多成功者都是从基层做起的。许多看似琐碎又单调的基层工作，其实是很好的磨炼。记住：积极的工作态度始终是使人脱颖而出的重要砝码。拥有它，在竞争激烈的职场上，你会做得更好，走得更远。

延伸阅读

寻找伟大的自己

每一个人，无论他默默无闻或身世显赫，文明或粗鲁，年轻或年老，都有成为重要人物的愿望。而每一个意识到自己伟大的人都拥有无限的热情，这种热情将伴随他工作的每一分钟，推动他走向真正的伟大。因此，在平时工作中，我们要有意识地寻找伟大的自己。

1. 培养“我很重要”的态度

“我很重要”不仅是一种自我肯定，更是对自我价值的一种期待，如果以“我很重要”的态度去做事，那么即使从事最平凡的工作，也能成为最优秀的一员。

2. 具有独创性

无数事业有成的人，在谈到自己成功时，都提到他们很热爱自己的工作，对工作抱有无限的激情。正是这种激情带给他们战胜困难、挑战自我的勇气和信心，使他们在工作中经常会有独创性的绩效和快乐。

3. 有错就改

成功人士所犯的错误一点儿也不比失败的人少，

只不过他们从不犯同样的错误。最不可原谅的行为是屡次犯同样的错误，这样的人，无论从事什么样的工作，都不可能取得好成绩。

面对错误，正确的态度是，重新认识它并找出办法来对付它，比如发动一场临时的“闪电战”，将其处理掉。这样做的意义在于清除了障碍，并且再多一点儿努力，就能达到或超越既定目标。

请根据本节内容写出你的体会和改善计划

体会：______________________

____

____

____

____

改善计划：______________________

____

____

____

____

____

多一份责任，少一份失误

> 只要你把工作做得比别人更完美、更快、更准确、更专注，并且动用你的全部智能，就能引起他人的关注，实现你心中的愿望。

作为企业中的一名员工，我们每个人都在扮演着不同的角色，我们的责任，也要求我们必须诠释好自己的角色。我们看到，对于自己的工作能百分之百地负责的员工，会把企业的利益当做自己的利益，因而他们会认真对待自己手中的每一项工作，无论这项工作是否细小琐碎。他们也更容易获得老板的信赖，与此同时，他们也更容易获得掌控自己命运的能力。

《汉语大词典》里关于“责任”一词有三重含义：其一，使人担当起某种职务和职责；其二，分内应做之事；其三，做不好分内应做之事，因而应承担的过失。

由此可见，如果我们能够在工作中多一分责任意识，那么，我们就将少承担一分因自己的疏忽而造成的过失。

在职场上，有些员工本身具有出色的能力，但却缺少对工作尽职尽责的工作态度，因而在工作中经常出现疏漏，结果逐渐失去了老板的信任。而另外一些员工，也许刚开始能力平平，但是因为对工作有一份责任心，因而能全身心的、尽职尽责的投入到工作中，结果反而能把工作做得很好。

因此，在老板看来，只有那些具有责任心，对工作负责的员工，老板才会放心的交给他更多的任务和工作，只有积极主动的对自己的行为负责、对老板和公司负责、对客户负责的员工，才是老板心目中的最佳员工。在公司中，员工如果没有责任感，是无法保证工作质量的。

很早以前，英格兰有个国王叫阿尔福雷德，他是一个精明而又有正义感的人，是英国历史上了不起的国王之一。

阿尔福雷德统治时期的英格兰形势复杂，国家受到凶猛的丹麦人的入侵。最终，经过数次战役，阿尔福雷德国王的英格兰军队溃不成军。而阿尔福雷德则乔装打扮为一个牧羊人，只身逃走。

经过几天漫无目的的游荡，他来到一个伐木工的小屋。饥寒交迫的他敲开房门，乞求伐木工的妻子给点儿吃的东西并借宿一宿。

女人同情地看着这位衣衫褴褛的男人，她不知道他是谁。“请进，”她说，“你给我看着炉子上的蛋糕，我会供你晚餐的。我现在出去挤牛奶，你好好看着，等我回来，可别让蛋糕煳了。”

阿尔福雷德礼貌地道了谢。坐在火炉旁边，他努力地把精力集中到蛋糕上，可是不一会儿他的烦心事就充满了脑子。怎样重整军队？重整旗鼓后又怎样去迎战丹麦人？

过了一会儿，女人回来了，她发现小屋里烟熏火燎，蛋糕已经烤成焦炭。阿尔福雷德坐在炉边，目光盯着炉火，但根本就没注意到蛋糕已经烤焦了。

“你这个懒鬼，窝囊废！”女人叫道，“看看你干的好事。你想吃东西，可你袖手旁观！好了，现在谁也别想吃晚餐了！”阿尔福雷德只能羞愧地低着头。

这时，伐木工回来了。他一进家门就注意到这个坐在炉边的陌生人。“住嘴！”他怒斥妻子，“你知道你在责骂谁吗？他就是我们伟大的国王阿尔福雷德！”

女人惊呆了，她跑到国王面前急忙跪下，请求国王原谅她如此粗鲁。但是明智的国王请女人站了起来。“你责怪我是应该的，”他说，“我答应你看着蛋糕，可蛋糕还是烤煳了，我该受惩罚。任何人做事，无论大小都应该认真负责。这次我没做好，但此类事情不会再有了，我的职责是做好国王。”

国王正是没有意识到即使是看着烤蛋糕这样的小事也需要认真负责地对待，因此，造成蛋糕烤煳了这样的失误，进而作为国王的他也要承担起这个失误所带来的后果——没有晚餐吃。

一个人责任感的强弱决定了他对待工作是尽心尽责还是浑浑噩噩，而这又决定了他做事的好坏。如果你在工作中，对待每一件事都富有责任感，出现问题时不推脱，而是设法改善，那么你将赢得足够的尊敬和荣誉。

那些在工作中马虎应付，不能满足顾客要求，不想尽力服务以超出顾客期望的人；那些容易自满，缺乏工作激情，不能做好本职工作的人；那些整天对工作挑三拣四，满腹抱怨的人，都是在工作中缺乏责任感的人。

社会学家戴维斯说过：“自己放弃了对社会的责任，就意味着放弃了自身在这个社会中更好地生存的机会。”同样的道理，作为公司中的一员，如果放弃了对公司的责任，对社会的责任，也就放弃了在公司中更好地发展的机会。

我们在工作中出现的问题，常常只是在一些细节、小事上做得不完善、不到位，而这些细节、小事的不到位归根结底恰恰是工作态度的问题。

美国第25任总统麦金莱曾说过：“比其他事情更

重要的是，你们需要尽职尽责地把一件事情做得尽可能完美。与其他有能力做这件事的人相比，如果你能做得更好，那么，你就永远不会失业。”

因此，我们在平时就要注意培养自己的责任感。注意工作中的细节有助于责任感的养成。一个书店的营业员能勤擦书架上的灰尘，一家公交公司的司机能让车天天保持整洁，渐渐地这些就会习惯成自然。当责任感成为一种习惯，成了一个人的生活态度时，我们就会自然而然地担负起责任，而不是刻意地去做。当一个人自然而然地做一件事情时，当然不会觉得麻烦和累。当你意识到责任在召唤你的时候，你就会随时为责任而放弃别的什么东西，而且你不会觉得这种放弃对你来讲很艰难。

只有在工作中全心全意、尽职尽责，发挥自己的聪明才干，我们才能减少在工作中出现的失误，才能保证尽善尽美地完成每一项工作，才能肩负起企业交给我们的职责。也只有这样，我们才能得到老板的信任，被委以重任，以谋求更好的发展。

延伸阅读

带着责任感应对自己的失误

1. 不可隐瞒

越隐藏过失，漏洞也就变得越大，一旦发生错误，就应该马上向上司报告，恳请上司做适当的处理。

2. 错误不可一犯再犯

相同的过失一再重演，表示员工不求长进。

3. 不可将责任推卸给别人

将失败的原因归咎于他人，表示自己不够成熟，应该自我反省检讨才好。

请根据本节内容写出你的体会和改善计划

体会：______________________________________

____

____

____

____

____

____

改善计划：

把最简单的事做得不简单

> 把简单的事做好，你就不简单；把平凡的事干好，你就不平凡。在简单和平凡中，实现我们的人生价值，打造属于自己的精彩。

在职场，经常有许多人发出：“为什么别人做什么事都能成功？我却总是成功不了呢？”等诸如此类的慨叹。一个人活在人世间短短几十年，渴望成功、渴望得到周围的人尊重的愿望是很正常的事情，无可厚非。但是，如果你仅仅是发出这样的慨叹，则表明你离成功还很远。

我们不妨注意一下身边那些成功人士，看看他们是如何走向成功的。这些人，或许平时看着也不是很突出，工作也不是很起眼，可在周围的同事之间却有着不错的口碑，年终领导也总喜欢把先进工作者的荣誉称号授予他们，为什么会出现这种现象？

或许我们能从领导口中得到答案：“那位被评为先进的员工，其实日常工作和学习中和其他人没什么两样，他唯独和一般人不同之处在于能每天把最简单的事坚持做好。他能做到看到单位热水器水桶里没水的时候悄悄换桶新的，他坚持做到了看到工作岗位上有杂物时随手拿起扫帚扫一扫，他能做到每当把自己的工作交给下一个人之前，把所有的要交接的资料摆放整齐……并且他常年坚持做到了这些简单的小事，这就应该叫不简单吧。”

一位老师曾经告诉学生们，“不要以为那些能干的人比你们强多少，只是因为他们比你们更能面对简单事情的坚持与重复”。学生们大都不以为然。

于是，当时老师举了个例子，问“曾经早上起来跑过步的人举手”，所有人都举手了；

老师又问“曾经连续坚持了一个礼拜的人举

手”，80%的人举了；

“坚持了一个月的人举手”，50%不到了；

“坚持了一个季度的人举手”，20%不到了；

“坚持了半年的人举手”，只有两个人，是情侣；

而坚持了一年的人一个也没有！

跑步，是多么简单的事情！但是，或许你能坚持一个礼拜每天早上都起来跑步，甚至坚持一个月、一个季度、半年……但是，你能保证自己可以一直坚持下去吗？

无论是工作还是生活，都是由一些非常简单的小事组成的。而我们要想成就不简单、不平凡，最直接有效的做法就是，从最简单的小事做起，不断地重复，并且坚持到底。最终，你将不简单。

有一句话这样说：“用心做复杂的事，很简单；用心做简单的事，很不简单。”只要用心，就能负得起责任，只有用心了，才能少一些疏忽和大意，多一些信任和欢乐。

我们每个人都渴望成功，因此，很多大学毕业生刚刚踏入工作岗位就希望能够一举成名，做一番惊天动地的事业。但是常常事与愿违，我们经常都是被安排做些跑腿打杂的小事。为什么拥有高学历以及知识的我们会遭遇如此不公的待遇？

过去，人们学手艺、学生意，都有一项不成文的规定，至少要3年才能出师，而且一开始都是从打杂的工作做起。没有人喜欢做打杂的工作，而师傅之所以规定学徒从扫地、擦桌子等简单小事做起，其用意就在于磨掉学徒的傲气和散漫，培养他们的自律精神。

同样，作为没有任何经验、刚入职的新人，大多都带着满身的傲气，眼高手低，看不起小事，做不了大事。因此，现在的年轻人刚开始工作时，每个人都会经历一段艰难的“蘑菇期”，尤其是从校园走出来的学生们，任凭你有多强的能力、具备多高的学识，都要从最基础的事情做起，都会经历一段无人发现、少人理睬的过渡期。

对于处于这个时期的年轻人来说，与其藐视自己的工作，敌视公司的老板，抱怨命运的不公，不如充分利用现有的环境，磨炼自己的意志，养成重视小事的严谨工作作风，为自己的未来做好各方面的准备。

赵刚即将结束大学生涯，踏入工作岗位，按照学校要求，他找到一家公司开始实习。

离开学校那天，赵刚的导师对他说："任何小事都是锻炼的机会，你要抓住一切机会锻炼自己！"对此，赵刚谨记在心。

于是，从上班那天起，他就做好了充分的心理准备，从小事做起，在点滴中体现自身价值。每天早上，他会第一个到办公室，帮同事们打好开水、清理好办公室卫生。

刚开始的工作，大多都很基础，有时是跑腿送文件，有时是简单的重复劳动，做得多了会让人感到枯燥，但这正是考验耐心的时候，有心的人能从中学到不少东西，而且看似简单的事做起来未必那么容易。赵刚曾经做过几天的信息录入和文件整理工作，简单地说就是把文件归档、重新安排页数，他一页一页地数，一个文件一个文件地整理，期间也有郁闷和烦躁的时候，但慢慢地赵刚试着从另一个角度看待这件事：整理的文件恰好是公司往年签订的合同，我正好可以利用这个机会了解一下公司的业务范围与合作伙伴，不仅如此，我还明白了公司归档的标准和要求，这些在今后的工作中都会用得到。

两个月的实习结束了，赵刚收获颇多。这当中最大的进步要属心态上的调整和成熟。他的工作能力也得到了上司的肯定，公司准备和他签约，聘请他为正式员工。

其实，对于公司中大部分员工来说，要做好手中的工作，需要的往往不是灵感和创意，更多的是要兢兢业业、有条不紊、持续反复地做被细分并被规范好了的某一部分工作，即重复做一些琐碎的、繁杂的、细小的事务。这些事做好了、做到位了，并不一定能立即见到什么个人成就；一旦做不好、做坏了，却能使其他人的工作受连累，甚至把整个公司的大事给弄垮了。

很多员工每天面对的都是相同的工作，平凡而又简单，难免会觉得单调而又枯燥。但是，把每一件简单的事做好就是不简单，把平凡的事一千遍、一万遍地做好就是不平凡。

评价一个人能力的强与弱，不能仅以一次举起200斤的杠铃来衡量，如果下定决心，很多人都可以做到。但是，要将一件简单的事坚持不懈、始终如一地做好就不易了！比如拿一根绣花针，没有人办不到，但是要求你以一个姿势拿着，走上几公里或者保持几个小时，有几个人可以做到？

成功，就是将简单的事情重复地做。“一旦你产生了一个简单而坚定的想法，只要你不停地重复它，终会使之变成现实。”这是美国GE公司前总裁杰克·韦尔奇对如何才能成功所作出的最好回答。

所以，不管是对于公司，还是个人，最重要的是将重复的、简单的日常工作做精细、做专业、做到位、做扎实，并恒久地坚持下去。

最优秀的人是想方设法完成任务的人，最优秀的人是不达目的誓不罢休的人，最优秀的人是“为了一个简单而坚定的想法，不断地重复，最终使之成为现实”的人。

而那些整日将意志、信念挂在嘴边的人，往往只会纸上谈兵，他们不敢面对残酷的现实，他们在逆境中退缩，他们谨小慎微而游移不定。毫无疑问，这样的人，永远不会取得成功——他们连获取所需要的最基本的健康心态都不具备！

延伸阅读

每一次任务都是一次机遇

每一次任务都是一次机遇。面对每一项任务，你首先要问的是，自己能从中学到什么新的知识，积累什么新的经验，这是不是一项挑战，自己是不是要积聚起更大的勇气，更加精力充沛地去迎接挑战？

我们首先应该确定的是自己可以认真完成每项任务。不论任务是大是小，没有人会批评我们态度认真，没有人会批评我们把琐碎的任务完成得尽善尽美。只要认真去做，即便是简单和微小的事情也会令我们从中受益：充当打字员输入资料可提高我们的打字速度；复印资料会让我们进一步熟悉复印机，找到更有效的复印方法；当一次会议记录员可以锻炼速记能力；即便是帮同事倒杯咖啡，也可带来与同事交流的机会……也许有一天这些会为我们带来意想不到的收获。

世界上最大的金矿不在别处，就在你自己身上，而我们却常常在别处不断地寻找。只要我们认真对待我们的工作，以一颗负责任的心面对我们的工作，在工作中不断思考，就能发现机会，创造不同凡响的人生。

请根据本节内容写出你的体会和改善计划

体会：______________________________

____

____

____

____

____

改善计划：______________________________

____

____

____

____

____

____

____

天天认真做简单的事就是不简单

所有成功者，他们与我们一样都做着同样简单的小事，唯一的区别就是，他们从不认为他们所做的事是简单的小事。

海尔集团总裁张瑞敏先生有一句名言："什么叫做不简单？能够把简单的事情天天做好，就叫做不简单；什么叫做不容易？大家公认为非常容易的事情，能够非常认真地做好它，就叫做不容易。"

把简单的事、容易的事"天天做"，而且"认真做"，自然就会把各种最基本、最优秀的技能和态度沉淀下来，并逐渐变成一定这样做、自动这样做、自觉这样做、坚持这样做的固定的思想和行为方式，这不就是不简单吗？

简单就是不简单，容易就是不容易。因为有“天天”和“认真”的要求。优秀的习惯就是建立在对这种“不简单的简单”、“不容易的容易”的“天天”和“认真”的重复上的。

在实际工作中，大多数员工面对的都是简单的、重复性的工作。有些人对这些简单的、重复性的工作感到厌烦，认为这些工作只是小事，对工作只是敷衍了事，无法认真工作，更无法把工作当成一种乐趣，而只是把工作当做一种不得不接受的苦役，因而在工作中缺乏热情。但是，他们没有意识到这种态度正在毁掉他们的工作。

有个小和尚在一座名刹担任撞钟之职。照他的理解，晨昏各撞一次钟，简单重复，谁都能做，钟声仅是寺院的作息时间，没什么特别的意义。半年下来，他心中想道：“做一天和尚，撞一天钟吧！”

有一天，方丈宣布调他到后院劈柴挑水，原因是他已经不能胜任撞钟之职。小和尚很不服气，“我撞的钟难道不准时，不响亮？”

老方丈告诉他："你的钟撞得很响，但是钟声空泛、疲软，没什么力量。因为你心中没有'撞钟'这项看似简单的工作所代表的深刻意义。钟声不仅仅是寺里作息的准绳，更为重要的是要唤醒沉迷的众生。因此，钟声不仅要洪亮，还要圆润、浑厚、深沉、悠远。心中无钟，即是无佛：不虔诚，不敬业，怎能担当神圣的撞钟工作呢？"

如果没有用心，即使是撞钟这样简单的工作也不可能做好。因为不同的钟声对别人有着不同的影响。同样，在企业中，我们每个人都是企业工作链中的一环，尽管渺小，尽管做着非常简单的工作，但是，我们的工作对别人却有着重要的意义和作用。如果我们忽视了这种作用和意义，认为工作简单就可以懈怠，长久发展下去，我们所面临的必然是失业。

在别人认为简单的事情，我们重复做，重复的事情我们认真做，做到极致，就体现了我们的价值。

沈飞大学毕业后，先是在父亲开的清污公司工作。父亲用一桶清洗液和一把钢丝刷，头顶烈日为儿子上了重要的一课：每一件工作都好比是你的签名，你的工作质量实际上等于你的名字，只要脚踏实地，埋头苦干，迟早会出人头地。他按照父亲的教导，用钢刷蘸着清洗液把砖头洗得干干净净。

后来，沈飞在西南食品超市由包装工升为存货管理员，整天干着装装卸卸、摆摆放放这些细小麻烦的工作，但他始终一丝不苟、乐此不疲。有朋友屡次劝他："别把青春耗费在这种没出息的事情上！"但他却不以为然，仍是坚守着自己的工作信条：工作无大小，干好当下每件事。朋友认为他是个大傻瓜，一辈子也干不出什么名堂来。然而，他却为自己能干好这件谁都不愿干的工作而自豪不已。他相信父亲的话："只要自己不断努力，只要认真地做好每件事，上帝一定会眷顾你的。"

果不其然，数年后沈飞脱颖而出，成为拥有8家商店、一年总营业收入达几千万元的大老板。而当初劝他的朋友们却大都庸庸碌碌。

在工作中，我们每一个人都没有必要总是想做什么样的事才能成大器，工作上图名图利，唯恐有名有利的事漏了自己，想尽办法也要沾点儿光，而对那些微不足道的小事看不上，不愿意去做。请记住，工作中无小事，要想把每一件事做到完美，就必须付出你的热情和努力。任何远大的目标都是从最细小的具体行动开始的。只有用心把每一天中的每一件小事做到最好，才会成就自己的大事业。当你能够天天认真地做简单的事的时候，你就不再简单！

任何事情就怕养成习惯。据说，柏拉图因为一个小孩子玩一个荒唐的游戏而责备他。小孩子说："就因为这点儿小事，你就责备我？"柏拉图回答说："如果养成了习惯，可就不是件小事了。"如果你懒得尽心做小事，养成了马虎懒散的工作作风，那情形会更糟。当你能胜任的大事摆在你面前时，你可能会不由自主地以一贯的作风去做它，结果可想而知。

相反，如果你能认真对待每一件小事，天天如此，月月如此，长期坚持下来，你同样就养成了认真用心地做好每一件小事的好习惯。而大事都是由小事组成的，每一件大事都可以分解成诸多小事来完成，因此，一旦你拥有了认真做好每一件小事的习惯，当你面对大事的时候，你必然能够从容不迫地去做好它。

美孚石油公司创始人约翰·洛克菲勒说："听到大家夸一个年轻人前途无量时，我总要问，'他努力工作了吗？他认真对待工作中的小事了吗？他从工作细节中学到东西了没有？'一个人即便有再高的学历，再硬的学校牌子，如果不认真地对待工作，不将敏捷的判断力、准确的逻辑推理能力、丰富的专业知识和工作中的小事联系起来，最终将会一事无成。"

从简单的事开始，逐渐锻炼意志，增长智慧，日后才能做大事，而眼高手低者，是永远干不成大事的。通过小事，可以折射出你的综合素质，以及你区别于他人的特点。从干小事中见精神，得认可，"以小见大"、"见微知著"，赢得人们的信任了，你才能得到干大事的机会。

如果我们能"把简单的事情天天做好"，"把容易的事情认真做好"，我们就已经走在了通往成功的大道上。

延伸阅读

小事决定成败

要想取得工作上的成功，让我们的人生更精彩，就必须从简单的事情做起，从细微之处入手！

一个人日常所做的事情，常常都是一些小事，往往与我们所期待的理想相距甚远。不过，正是这种小事累积起来的经验和知识，成为了我们迈向下一个阶段的基础。我们不断地从每一件小事中取得一点点“小成绩”，如果我们长期坚持，这些“小成绩”就会逐渐扩大。如果拒绝做“小事”，那么伟大的理想永远是空中楼阁。

理想的实现，全在于今天对每一件小事的努力，如果忽视眼前的努力，忽视思想上、工作上的小小漏洞，那么，你未来事业的大厦，有朝一日将会坍塌，最终毁于一旦。

做事情的细节，也让我们了解到追求完美并不是一件困难的事——只要我们行动。如果只想不做，再好的想法也是丝毫没有价值可言的，甚至还不如得到落实的小事情那么有价值。

无论事情多小，只要能做出成绩来，就是一个了不起的人；一个对自己的成绩有自信心的人，就能够激发出数倍的潜力。如果我们在追求目标的过程中一时不能使最终目标实现，那么，让我们在追求把小事做好的过程中，提升我们的自信心，提升我们的知识和能力。对于想认真做好事情的人，凡事无小事，简单不等于容易。

从小事做起，让我们都以对未来负责的精神，踏踏实实、兢兢业业、认认真真地从小事做起，从身边的一点一滴做起，踏着由小事铺成的大道，走向成功的未来！

请根据本节内容写出你的体会和改善计划

体会：____

改善计划：

充电直通车

1. 体验小游戏：工作态度无小事

本游戏环节体现的是个人的现场表现能力。

游戏规则：每个人面对大家阐述自己对工作态度无小事的认识，并列举自己身边的实例。每个人的准备时间为3分钟，阐述时间为3分钟。上一个人阐述完毕，大家分别给其打分，评分分值从1~10分的区间量取；去掉一个最高分，去掉一个最低分，取平均值后的分数为其最后得分。按最后得分由高到低排列，第一、二、三名给予适当的物质奖励。

游戏目的：让大家更为清晰地认识到工作态度无小事。

通过本游戏，请你写下自己的感想

2. 互动环节：《你猜，你猜，大家猜猜猜》

本游戏环节体现的是榜样示范效应。

游戏规则：事先把单位内一些责任心强、做事认真的典型员工的工作事例编成小故事（可以渲染、夸大，但不能一眼就看出是原事例）。把这些故事制作成文本，分发给每个人，让大家猜猜都是谁？全部猜对者奖励一份小礼品。

游戏目的：通过游戏把榜样的示范效应放大。

通过本游戏，请你写下自己的感想

___

___

___

___

___

___

___

___

___

___

3. 星光大道大 PK：谁是“最认真”的人

本游戏环节体现的是现场激励效应。

游戏规则：把所有的人按两个人一组进行分组。每一组可以从预先设置好的若干个工作场景中选择一个。然后，开始模拟工作，一次进行一组模拟，时间为 3 分钟，其他组的两人沟通后共同为模拟工作的两人分别评分。评分标准是重视工作中小事的程度；评分分值从 1 ~ 10 分的区间量取，去掉一个最高分，去

掉一个最低分，取平均值后的分数为其最后得分。所有的小组 PK 完毕后，按最后得分由高到低选出 10 名得分最高者进行最后的大 PK！

最后的大 PK 的规则同前一轮 PK。最后，按个人得分由高到低排序，第一、二、三名给予适当的物质奖励，其余 7 名入围者每人给予一份小礼品以资鼓励。

游戏目的：通过游戏激励大家争做“最认真”的人，让认真对待小事的观念深入每一个人的心底。

通过本游戏，请你写下自己的感想

第三章 细节无小事，见微才能知著

细节铸就完美，平凡成就伟大

> 很多时候，一件看起来微不足道的小事，或者一个毫不起眼的变化，却能实现工作中的一个突破，甚至改变职场上的胜负。

有许多员工认为：只要做好大的事情就好！一些小事情简直是微不足道的，就算马虎一点儿也不会造成多大损失。但积少成多，积小成大，一些不值一提的小事，很可能会影响他们在老板心目中的形象，影响他们的晋升，最终使自己成为失业者。所以说伟大更多地体现在一些细小的环节上。

每一份工作都是平凡的，因为我们大多数都是平凡人，每天做着平凡的事。我们常常感觉自己的生活平淡无奇，但是，正是我们这些平凡人所做的事，才成就了那些所谓“伟大”的人所做出的伟大成就。因此，即使平凡，我们也要认真对待自己的工作，做好每一个细节。

细节，因其格外细小而常常被人忽略，但这绝不意味着细节无关紧要。大量的事实表明，能否充分重视工作中的细节，直接关系到个人的职业生涯：精细者常常可以因为重视细节而旗开得胜，粗心者则常因忽略细节而兵败垂成。

任何整体都是由无数个细节构成的，细节的完善是整体出众的前提。在我们平凡而又复杂的日常工作中，如何注重细节，提高内部各环节、各岗位的工作质量，并对其进行“零缺陷”控制，是非常非常重要的问题。

细节很重要，小事中的细节尤其重要。在工作岗位上要把小事做细，一件没有做到位的小事可能导致产品出现质量问题，一个不注意的细节可能导致一次矛盾的发生，每一个细小的问题、细微的动作都可能引起另一个大问题的发生。所以，在工作中我们要尽自己所能力求每一个细节的完美。

认真做事只能把事情做对，用心做事才能把事情做好，在这细节制胜的时代，任何一件事情都是做出来而不是喊出来的，特别是在平凡工作岗位上的员工更要把小事做细。

在接到一项任务时，对其中的各种细节都不要产生轻视的心理，你要把它看成一件重要的大事。只有这样，你才会真正重视它，并开动脑筋、发挥潜力做好它。实际上，要做到这一点并不容易，你需要时时提醒自己："别看它不起眼、非常简单，但对整项任务能否顺利完成却起着至关重要的作用。只有做好它，我才能高质量地完成任务。"只有这样，你才能在完美的细节中成就伟大。

一个大学生毕业后到深圳求职，在奔波了一个星期后，毫无收获，而更糟糕的是在乘公交车时，他的钱包被偷，钱和身份证都没有了。在受冻挨饿了两天后，他决定拾垃圾——虽然受白眼，但至少能够解决吃饭问题。

一天，他正低头拾垃圾时，忽然觉得背后有人注视自己。回头一看，发现有个中年人站在他背后。中年人拿出一张名片："这家公司正在招聘，你可以去试试。”

面试的现场非常热闹——五六十个人同在一个大厅里，其中很多人都西装革履，他有点儿自惭形秽，想退下来，但最终还是等在了那里。当他一递上名片，小姐就伸出手来：“恭喜你，你已经被录取了。这是我们总经理的名片，他曾吩咐，有个青年会拿着名片来应聘，只要他来了，就成为我们公司的一员了！”就这样，没有经过任何面试，他进入了这家公司。后来，由于个人努力，他还成为了副总经理。

又过了两三年，公司业务越做越大，总经理要去新城市进行新投资。临走时，将这个城市的所有业务都委托给了他。

送行那天，他和总经理在候机贵宾室里面对面坐着。“你肯定一直都很想知道，我为什么会选择你。那次我偶然看见你在拾垃圾，就观察了你很久，你每次都把有用的东西拣出来，将剩下的垃圾归类好再放回垃圾箱。当时我想，如果一个人在这样不利的环境下还能够注意到这种细节，那么无论他是什么学历、什么背景，我都应该给他一个机会。连这种小事都可以做到一丝不苟的人，不可能不成功。”

即使是拾垃圾这样平凡的小事，如果你注意了细节，把它做到完美，它也会成为你走向伟大的阶梯。

一位作家这样说过：“无论做什么事情，都应该尽心尽力、一丝不苟，因为究竟什么才事关真正的大局，什么才是最重要的，这一点其实我们并不清楚。也许，在我们眼里微不足道的细节，实际上却可能生死攸关。”

同样，在自己的工作岗位上，不管你面临的事情多么细小、琐碎，你都应该像做重要的事一样认真对待，细心、扎实地处理好每一个细节和环节，一丝不苟地去完成它。这样，你就能借助“平凡小事”的力量推进工作进度，做出不平凡的业绩。

2005年度“感动中国”中的王顺友，就是这样一个人物。他是木里藏族自治县邮政局的一个普通的苗族邮递员，一个20年来每年都有330天以上独自行走在马班邮路上的邮递员；一个在雪域高原跋涉了26万公里、相当于绕地球赤道6圈的普通的、平凡的人。

王顺友没有豪言壮语，没有惊天动地的壮举，有的只是一桩桩、一件件极其普通、极其平常，但对大山里的群众来讲却极为重要的小事。他在异常艰苦的条件下，牢记自己的使命和职责，20多年如一日，忠诚地履行着一个邮政工作者的职责，从没有延误过一个班期，从没有丢失过一份邮件，投递准确率达100%。

把平凡艰苦的工作融进伟大的事业，在平凡的岗位上做出不平凡的事，这就是普通的王顺友。

细节的实质是什么？细节实际上是一种经过长期的准备，从而获得的一种机遇。细节是一种习惯、一种积累，也是一种眼光、一种智慧。只有抱着这样的工作标准，我们才能注意到小事中的细节。

总而言之，一个人能否取得卓越的成就，取决于他能否将那些再平凡不过的小事做好。因此在工作中，哪怕事情微不足道，你也要认认真真地把它做好：能完成100%，就绝不只做99%。最终100%的完美细节必然会带领你走向成功！

延伸阅读

如何在工作中做好细节

首先是责任心。没有高度的责任心，也许根本就不会看到工作中的细节，更谈不上认真完成。

其次是对细节应有的重视。在日常的工作中，要始终保持对细节的高度重视和敏锐性，不忽视工作中的任何一个细小环节。

再次是思考。对于工作中所有细节都要进行周密的考虑。所谓细节，就是一些很细微的环节，因为细微所以容易被人遗忘和忽视。因此，在工作中不能对这些细节视而不见，应该努力培养自己思考的良好习惯。每安排一件工作，都应将整个工作的过程在头脑中预演，提前想到所有会发生的问题，并针对每一个细节考虑好对策。唯有如此，才能尽量避免问题出现的事后补救。

最后就是行动。面对工作中不断出现的细节问题，我们的第一反应应该是立刻行动，迅速而果断地对问题进行处理，不把小问题酿成大问题。同时，只有快速地将这些细小环节一个个处理，才不至于使问题越积越多，最后形成自己工作中无法逾越的障碍。

请根据本节内容写出你的体会和改善计划

体会：____

改善计划：____

注重工作中的每一个细节

> 我们在工作中做的都是一些小事，都是由一些细节组成的，只有具备高度的敬业精神、良好的工作态度，认真对待工作，从小事做起，才能在细节中找到创新改进的机会，从而不断提升自己。

生活的一切原本都是由一些小事、一些细节构成，如果一切归于有序，决定成败的必将是微若沙砾的小事和细节，细节的竞争才是最终和最高的竞争层面。在今天，随着现代社会分工越来越细和专业化的程度越来越高，一个要求精细化管理的时代已经到来。因此，要担负起自己的责任，做好自己的工作，就要从小事做起、从细节做起。

很多事实证明，事业成功源于“细”，阿基米德从洗澡水溢出澡盆这一细节得到灵感，发现了浮力定律；牛顿从苹果由树上掉下这一细节得到启示，提出了万有引力定律；丰田汽车把精细化的生产管理落实到细节之中，创造了辉煌的业绩；海尔公司始终坚持“精细化、零缺陷”的经营理念，使一个亏损企业发展成为世界家电品牌……

路德维希·密斯·凡德罗是20世纪四位最伟大的世界建筑师之一，在被要求用一句话来描述他成功的原因时，他只说了五个字：“魔鬼在细节。”他反复强调的是，不管你的建筑设计方案如何恢弘大气，如果对细节的把握不到位，就不能称之为一件好作品。细节的准确、生动可以成就一件伟大的作品，而细节的疏忽则会毁坏一个宏伟的规划。

一个成功的员工往往把自己的优秀体现在一个个细节中，他们对细节的关注给顾客带来的是一种体贴入微的舒心感。而他们的成功，也往往是从重视这一个个细节中获得的。老子曾说：“天下难事，必做于易；天下大事，必做于细。”这句话精辟地指出了想成就一番事业，必须从简单的小事做起的道理。

有三个人同去一家公司应聘主管，他们当中一人是某知名管理学院毕业的，一人毕业于某商学院，而第三个则是一家民办高校的毕业生。在很多人看来，这场应聘的结果是显而易见的，肯定是知名管理学院的毕业生被录用。然而事情却恰巧相反。应聘者经过一番测试后，留下的却是那个民办高校的毕业生。

在整个应聘过程中，他们在专业知识与经验上各有千秋，难分伯仲。随后招聘公司总经理亲自面试，他提出了这样一道问题，题目为：假定公司派你到某工厂采购4999个信封，你需要从公司带去多少钱？

几分钟后，应试者都交了答卷。知名管理学院毕业生的答案是430元。

总经理问："你是怎么计算呢？"

"就当采购5000个信封计算，可能是要400元，其他杂费就30元吧！"答者应对如流。但总经理却未置可否。

商学院毕业生的答案是415元。

对此他解释道："假设5000个信封，大概需要400元，另外可能需用15元。”

总经理对此答案同样没表态。但当他拿起民办高校毕业生的答卷，见上面写的答案是419.42元时，不觉有些惊异，立即问：“你能解释一下你的答案吗?”

“当然可以，”该同学自信地回答道，“信封每个8分钱，4999个是399.92元。从公司到某工厂，乘汽车来回票价11元。午餐费5元。从工厂到汽车站有一里半路，请一辆三轮车搬信封，需用3.5元。因此，最后总费用为419.42元。”

总经理不觉露出了会心的一笑，收起他们的试卷，说：“你留下，其他两位可以先走了。”

民办高校毕业生用每个信封的价格、车费、午餐费这样的细节战胜了比自己的学历更高的竞争者。事实上，在日常工作中，这样的小事就是细节，关注细节是每一个员工的责任，也是每一个与公司利益相关的人必须做到的；每一个员工在所履行的职责内都应该认真做到工作无小事。

“无限的爱”日用品和化妆品连锁超市 DM 在德国比比皆是。这家企业的老板名叫格茨·维尔纳，现已拥有 1370 家连锁店、两万名员工，2002 年的销售额高达 26 亿欧元。维尔纳也是同行业中最富有的，2003 年年初时他的个人财产已达到 9.5 亿欧元。

30 年前，格茨·维尔纳白手起家创建了 DM 连锁店。他有自己的一套注重细节的经营理念，有时还会因为注重细节而做出一些特别“古怪”的事情。

有一次维尔纳走进一家 DM 分店时，他要求分店经理拿扫帚来。这家分店的经理把扫帚递给维尔纳，非常疑惑地说：“维尔纳先生，我不明白您要它做什么?”维尔纳指着地下的灯光说：“你看，灯光的亮点聚在地上，什么作用也没有。”说着，维尔纳用扫帚柄拨了一下上面的灯，让灯光照在货架上。

把灯光照在正确的位置上，维尔纳先生给他的员工做出了表率。也正是这种注重细节的品质使维尔纳取得了让人羡慕的成就。

做大事不拘小节，固然是一种处事态度，但如果是在具体工作中，这往往也是一种很危险的做法，不拘小节有时会误大事的事例不胜枚举。在工作中，做事认真仔细，才能把事做得尽善尽美。惠普公司的创始人戴维·帕卡德说："小事成就大事，细节成就完美。"

注重工作细节其实是一种功夫，这种功夫是靠日积月累培养出来的。谈到日积月累，就不能不涉及习惯，因为人的行为的95%都是受习惯影响的，在习惯中积累功夫，培养素质。把重视细节，将小事做细培养成一种习惯。成功是一个日积月累、持续不断的过程，任何希图侥幸、立时有成的想法注定都要失败。

注重工作中的每一个细节，苦干实干，精益求精，创出精品，是我们的工作准则和人生追求。只有在平凡的工作中做出不平凡的坚持，才能打下坚实的基础、累积成功的资本。只有全心全意干好工作，认真负责地做好细节，感化心灵，形成人格，提高自身修养，才能相得益彰，使自己的工作更上一层楼！

延伸阅读

工作必须注意的细节

1. 不要轻易说不

当别人向你要求帮忙时，不要轻易说不，这是展现自我的一个大好机会。如果自己完成这件事的确有困难，可以向对方说明自己的难处，比如告诉他我手头还有些事情比较紧，等我这个完了以后帮你做，或者说我这个系统用的不太熟练，不过可以试试，等等。一般来讲，如果不是特别紧急的事情，领导或者同事们会允许你这种“讲条件”的。

2. 知道自己该做什么

当你接到一项任务的时候，最好按照自己的理解，把它重复一遍，把对方的要求，自己要做的事情，要达到的目的重复一遍。避免事情结束后达不到对方要求或者误解了对方的要求而造成尴尬的局面。

询问时，最好以“是否”疑问句询问，一方面显示自己已经知道了，另一方面表示确认。比如说，当领导交代一项任务给你时，反问一句：是不是我只要把这些资料整理一下，然后把这个表格填写完就好了？

而千万不能问：你给我这些资料要我做什么？

3. 整理好自己手头的资料，随时知道它们放在什么地方

你可能不会只做一个项目，可能不会只做一件事情，不同的事情交叉着处理的时候，你需要把它们准确地分类归档。当领导向你要一个什么数据的时候，你需要准确的找给他，而不能让他在旁边等半天。

请根据本节内容写出你的体会和改善计划

体会：________________________________

____

____

____

____

改善计划：______________________________

____

____

____

____

____

别把考勤当小事

> 一个对自己负责任的人，若是发觉自己经常迟到并且经常给自己找借口，就需要认真地反思自己。我们要做一个尊重工作也尊重自己的人。

起晚了、堵车了、表慢了、闹钟罢工了……几乎每个上班族都有过迟到的经历，也都有过这样为迟到找借口的经历。一项最新调查显示，13% 的上班族每周至少迟到一次，24% 的人会每月迟到一次。而迟到的真正理由多数是因为早上起不来，或是因为早上磨磨蹭蹭。

调查显示，八成上班族表示自己有过迟到的经历，一般迟到时间在 5 ~ 10 分钟。而从工作年限与迟到次数的关系上来看，工作年限超过 10 年的上班族从来没有迟到过的比例最高；相反，工作年限 1 年以下的职场人，表示自己从未迟到过的比例还不到三成。而表示经常迟到，每周大概迟到两三次的为工作 3 ~5 年的职场人。

对于迟到，几乎每个企业都有自己的一套切实可行的管理制度，遵守制度是员工起码的职业道德。员工应当按照约定的时间准时上班，没有特殊的情况，就尽量不迟到、不早退、不请假，保持良好的出勤记录。有的人对此很不以为然，“考勤嘛，早一分钟晚一分钟，有什么关系呢?”其实，有这样想法的员工并没有认识到考勤制度对一个企业、一个员工的重要性。

比如，你上班时迟到了五分钟，公司可能就扣掉了你当月的奖金，你很可能对公司的处理愤愤不平，“不就迟到五分钟吗?有什么了不起的，也不会有多大的影响”。其实，如果你仔细反思一下自己，公司的每个人都迟到五分钟，那会怎么样?你违背了公司的规定，公司如果没有对你进行处罚，那么对别人呢?公司的规定岂不是形同虚设?

尤其是职场新人更应该注意工作中的一些细节，

作为新人更应该提前到公司，虽然现在更多的企业并不需要新人做些打扫的杂事，但早点儿到公司无疑会给职场新形象增添分数。对于职场人士来说，迟到不是一个小事情，而是职业素质的一方面。如果刚入职场就开始懒散，以后很难有大的发展。

王刚是一家工程公司的职员，长期以来都很敬业。有一天晚上下大雪堵车，他回到家已经接近夜里11点。第二天早上，公司不少职员都迟到了，但他还是最早来到公司。他的行为令领导很感动，加上他平日里工作表现不错，公司领导当即提拔他为项目负责人。

在城市中，堵车和误点是经常发生的事，所以，只要提前估计一下交通情况、选择合适的交通工具，除非遇上意外，不然的话你必能准时抵达公司。你应该对此早做防备，养成提前上班的习惯，尽可能不要破坏自己的职业形象。

无论你的公司如何宽松，也别过分放任自己。可能没有人会因为你迟到5分钟而斥责你，但是，在别人都已经开始工作的时候匆匆忙忙跑进公司的形象只会令人觉得你对这份工作没有足够的热情。

在企业，请假和迟到一样，都会给他人带来各种各样的麻烦。因为，在大部分企业中，一般都是定员定岗，也就是俗话说的“一个萝卜一个坑”，不管请假的原因是什么，由于你的缺岗，企业就要付出额外的精力来调整人员的工作安排。这有可能导致企业在工作上的被动，从而带来一些不必要的损失。

在迟到和请假问题上，公司都希望员工要有整体和大局观念。从表面上看，迟到和请假似乎总是有情可原的，但实际上，无论出于什么样的理由，迟到和请假对你今后的发展都是弊大于利的。特别是刚进企业的新员工，为了使自己早日熟悉企业的业务，也为了不给其他人带来不必要的麻烦，应该尽可能的不请假。即使有重要的事情，也应该至少提前一天给公司请假。

当然，作为自然的人，头疼脑热是在所难免的，企业也并不是不准员工请假，但是过于频繁的请假，肯定会影响工作效率。请假的方式和频率，往往也成为企业评价员工的重要依据。企业将以此评定一个人的工作态度，进而直接影响到员工的考核成绩，甚至影响到员工的职业形象，而使企业对员工失去信任。

> 赵鸣爱耍些小聪明，一碰上头疼脑热的小毛病就装作痛苦不堪的样子，然后，就找借口向老板请假。遇上朋友约会或办点私事什么的，更是找借口请假不上班，每次理由总是十分充足。老板虽然不胜其烦，可是也不好驳回。
>
> 一次，赵鸣又撒谎说奶奶去世了，回老家一个礼拜。可是，七天后赵鸣返回公司时却遭到解雇。原来赵鸣与女友去海南旅游了，以为无人知晓，不料，老板的一个朋友也在该旅行团中，正巧认识赵鸣。赵鸣的这次谎言自然穿帮。老板心想，既然你赵鸣那么喜欢请假，那不如给你一个永久的长假好了。于是，赵鸣的结局可想而知了。

像赵鸣这样自作聪明的员工有很多，他们认为请假是一件十分稀松平常的小事情。其实，这不仅是对企业，更是对自己非常不负责任的一种行为。你如果不能严格遵守企业的考勤制度，必然会造成上司对你责任心不强的评价，特别是由于你的时间观念不强而影响到他人的工作时，那将是不可原谅的。

一些大企业由于员工“装病”而付出的代价每年竟然高达数百万美元。因此，对那些随心所欲、无所顾忌地想请假就请假的散漫员工，在企业在裁员时，自然是“黑名单”上的最佳人选。

“没有规矩，不成方圆。”一个企业，只有切实贯彻并执行了一套合理的制度，才有成功的保障。而考勤制度则直接关系到员工的工作态度，从出勤情况可以看出谁在努力工作，谁在寻找理由混日子，所以，考勤事虽小，后果却很严重！

延伸阅读

上班迟到的理由

1. 最倒霉的理由

我今天上车后，汽车抛锚了，换了出租车，结果钱包丢了，拿着银行卡去取钱，结果卡被吞了，我是帮出租车师傅擦完车后步行到公司的。

2. 最花痴的理由

早上坐地铁，对面一个帅哥老朝我笑，搞得我心猿意马，多坐了两站，结果发现坐在我旁边的就是他女朋友。

3. 最不着调的理由

邻居家的狗怀孕了，据说它一直和我家的猫咪打得火热，我在审问我家猫咪是不是它闯的祸。

4. 最工作狂的理由

昨天晚上我一直在想今天的计划怎么安排以及如何对客户做回报。想了一晚上，直到天亮了我才睡觉。所以没有来得及上班。

5. 最时尚的理由

因为明天是周末，我上“我爱打折”看了看近期的消费动态，最近商场都在猛打折，便宜死了，我兴奋了半夜。

请根据本节内容写出你的体会和改善计划

体会：________________________________

改善计划：____

____

____

____

____

____

____

____

____

____

____

为企业“节流”，为自己“开源”

> 为企业节约每一分钱，这不仅是企业对员工的基本要求，更是员工的工作责任。要想成为一名优秀的员工，就应该自觉地把节约当做己任，能不花钱就不花，能少花钱就少花。

任何一位老板，都喜欢为企业省钱的人，无论生活中的老板本人是多么的大方豪爽。所以，作为一名员工，要想得到老板的信赖和重用，就必须踏实认真地工作，处处为企业着想，事事为企业“节流”。

作为企业的一员，如果你能事事想到为企业节约成本，那么企业也一定会有回报给你。可能给你的回报不会很快兑现，但是相信它一定会来的。如果你爱护企业的资产就像爱护自己的财产一样，你的老板绝对都会看在眼里，记在心里。

当今，随着工作生活节奏的加快，很多的小事都被我们忽略了，一张空白的纸被随手扔进垃圾桶，刚用了一半的笔芯就被淘汰了，下班了办公室的灯依然亮着，厕所水龙头还在滴滴答答地响，等等。这些显而易见的浪费现象成了我们见惯不怪的“小事”，变成了企业经营发展中难堵的成本漏洞。

企业的亏损与赢利情况和员工的命运关系密切，企业就像是一台巨大的机器，员工所创造的利润就好比是能够让机器正常运转的燃油：倘若燃油供应不足（企业创造的利润很少），又或者燃油质量低劣（在生产过程中由于浪费严重、办公成本过高，而导致利润不实），都会让企业这台机器在前行中速度放慢或停滞不前。

实际上，每一位员工都能够为企业创造两份利润：第一份是通过日常工作直接创造出来的有形利润；第二份则是在节约每一分钱的过程中，慢慢地从流程中挖掘出来的隐藏利润。

员工是企业的一分子，每个员工都应该为企业的发展壮大贡献自己的力量。而员工仅仅做一些看似简单的小事，企业就会受益很多。只要员工在尽职尽责地做好工作的同时，懂得节约每一分钱，这就不仅能为企业创造一份利润，同时也能为企业挖掘出另一份利润；对企业而言，也就在同一时间收获了两份利润。而企业这部机器也会因为燃料充足而高速行驶在经济发展的跑道上。

事实上，能从细微处着眼、替企业着想的员工，一定也会在其他方面替企业着想，这样的员工当然也就是能为企业赚钱的员工。一个具有成本意识、能够事事维护企业利益的员工，才是老板最愿意接纳的好员工。

张婷是一家大型服装公司的总经理秘书，有一次，公司打算去外地参加一次服装展。因工作需要，公司必须带去一些宣传材料。于是，老板叫张婷尽快去联系印刷厂印制宣传材料。

张婷听到吩咐后并没有马上去执行，而是对老板说："上次展会还剩下好多资料，可以用那些吗？"

老板回答："你找出来核对一下，看看内容

是不是一样。”

张婷便找出资料进行核对。过了一会儿，张婷又找到老板说：“老板，我核对过了，绝大部分内容都一样，只有一个电话号码变了。”

“那就去重印吧！”老板回答道。

张婷觉得这么多资料，只因为一个电话号码的改变就不能用了实在太可惜。而且重印不仅要花费一笔钱，还要花费时间。

“难道真的没办法再用上这些资料吗?”张婷想。无意间，她看见了桌上的一份资料。这份资料是老板开会时用的，因为老板临时改变了一个数据，于是她用一个改正纸把数据改了过来。

张婷灵机一动，那些宣传材料上的电话号码不也可以用印有新号码的不干胶纸改一下吗？只要贴得整齐，是不会影响美观的。

于是，张婷马上到老板办公室向老板请示这件事情。老板有点儿不放心，问：“那样能行吗?”

“我仔细点，应该不会影响阅读的。”

“好，那你就去试试吧！”

一个多小时过后，张婷把整理好的材料给老

板过目。现在，在原先那个电话号码上，是一条不干胶，上面是一个二整的新电话号码，看起来一点儿也没有不协调的感觉。

老板表扬了张婷一番，并立即开了一个小型会议。在会上，老板说："这个创意非常妙，虽然节省的钱不多，但是可以看出张婷已经将节约当成了自己的责任，主动去想办法为公司节约成本，如果大家都像她那样视节约为己任，那么公司就不愁发展了。"

多节约一分钱，要比多赚一分钱容易得多，员工们只要仔细留意，就可以将这份利润收入企业的腰包。企业实力强大了，员工的工资和福利就有可能上调。所以，企业收益增加，是所有老板和员工都期待并努力要达到的目标。为企业节约的每一分钱最终必然都将"流"向自己，因此，为企业"节流"，实际上就是为自己"开源"。

会为公司省钱的员工，大都有一个显著的特点，那就是他们在办事时总是认真思考，怎样才能花最少的钱把事情办成，把工作做好。不愿意认真思考的员工，通常会对任何事都抱无所谓的态度，总认为多花一点儿钱或少花一点儿钱无所谓，这样的工作态度最容易造成无谓的浪费。

假如员工在平时的工作中缺乏成本意识，无形中就会增加公司的成本，我们应该尽量采取一些措施节省耗材，比如尽可能减少纸张的用量；尽量在电脑上修改文书，以减少重复打印的次数；尽量双面用纸，并严格控制文件打印的数量；对使用过的信封、复印纸进行回收再利用。还有，打印机的墨水、墨粉用完，重新灌装再使用；尽量降低一次性物品的使用量……

每位员工都应该知道，自己和企业是一个整体，有着相同的目标和利益，要想让企业发展得更快、成长得更强大，在每天工作的时候，首先就要具备强烈的敬业精神，在生产过程中注意节约，挖掘出所有能够挖掘的隐藏利润。

每一位员工，都应该在工作和生活中提高节俭意识，养成为公司节省每一分钱的好习惯。从根本上说，员工的每一个节俭举动，其实都是在为公司赚钱，而只有不断为公司赚钱，才能保障自己的利益不受损害。

延伸阅读

关注细节小事，从点滴处节约成本

所有企业都想通过降低成本来增加效益，但我们应该如何控制和减少成本？从什么地方入手？这些问题是所有企业老板和管理人员都必须认真思考和探索的。很多世界著名的大公司，比如沃尔玛、思科等公司的事例，就说明了节省成本最重要和最根本的一点就是，从细节和小事做起，把利润一点一滴地积累起来。

从生产和制造方面来看，公司的成本主要包括人工费、材料费和其他经费三大部分。人工费是指产品制造过程中用在相关人员身上的费用；材料费是指组成产品的所有材料和零部件的采购费用；其他经费则是指水电、燃气、煤、油等能源费，以及外协委托加工费、租赁费、保险费、折旧费等。由此可见，成本的内容可以说是种类繁多，若想真正地节省成本、提高利润，就必须从每一项内容开始，从身边的一点一滴做起。

精打细算、节俭办公，是许多知名企业经营管理的重要组成部分。公司经营活动是由许多小事组合而成的，成本也是由很多小事情积聚而来的。公司只有从小事着手减少成本，才能积少成多，实现企业利润的健康增长。

请根据本节内容写出你的体会和改善计划

体会：

改善计划：

用好上班的每一分钟

> 时间老人最公平，它给予每个人的时间都是均等的，但只有善于安排时间的人才能做时间的主人。

早晨九点上班，下午六点下班，上班族每人每天的工作时间相同，但是不同的人在相同的时间所干的工作却是千差万别，工作成效也相差悬殊。善于把握时间的人往往是“时”半功倍，不会利用时间的人则是“时”倍功半，甚至是徒劳无功。要想在有限的工作时间里干出最大的成就，必须学会安排时间、抓住时间、节约时间，用好上班的每一分钟。

在企业，我们经常看到这样的人：早上上班后的三五分钟才匆匆忙忙跑进办公室，然后就开始肆无忌惮地吃早餐，等他一切准备就绪开始工作的时候已经快到午休时间了，拖拖拉拉吃完午饭，下午的工作尚未开始就已经快下班了。如此一天工作下来，有什么成效可谈呢？

追根究底，造成这种情况的根本原因就是他们觉得稍稍拖延一下对工作没有什么影响。早上迟到三五分钟不会影响工作，吃个早餐这样的小事占用不了多少工作时间，手上的工作拖延一下也没什么太大影响……在他们看来这些都是小事，不必放在心上。但长此以往，不仅会严重影响自己的工作，影响企业的发展，最为关键的是会影响自己的前程。请问哪个老板愿意用一个每天都没有绩效的员工呢？

所有的竞争都离不开时间的竞争，所有的拖延都可以归结为时间上的拖延。除非作为一个特例，否则拖延大多会导致努力的失败。拖延，只能让他人领先。任何憧憬、理想和计划，都会在拖延中落空。把今天的工作拖到以后去做，会多耗去时间和精力，其实本可以今天就把工作做好。避免拖延的唯一方法，就是随时主动地工作，让工作中的每一分钟都创造出业绩。

杰克·韦尔奇向媒体透露通用公司成功的秘诀时表示："我们都拥有足够的时间，只是要好好善加利用。一个人如果不能有效利用有限的时间，就会被时间俘虏，成为时间的弱者。一旦在时间面前成为弱者，他将永远是一个弱者。因为放弃时间的人，同样也会被时间放弃。"

尽管对任何人来说，时间的价值非比寻常，它与人生的发展和成功关系非常密切，然而，时间似乎总是人们最容易浪费掉的东西。可以这样说，大千世界中，没有什么东西比时间更容易被虚度。

同样的工作时间，同样的工作量，为什么你总不能像别人那样在第一时间完成？被誉为"把美国带到流水线上"的人——亨利·福特这样解释：人们每天花在处理一些没有必要处理的事情上的时间太多，数量说起来实在相当惊人。下面是福特所总结的人们浪费时间的恶习，他还把这些吞噬你时间的琐碎事情列举出来：

（1）打太多的电话；

（2）上班时间吃早餐；

（3）上班时间谈私人事情；

（4）花太多时间计较细枝末节；

（5）所读的东西没有任何信息，也没有给予任何启发；

（6）在应该着手进行下一项工作的时候，却往往停下来对“比尔”解释自己为什么要做这些事情；

（7）把上班时间拿来做白日梦；

（8）在不重要或不值得做的事情上，投注宝贵的时间和精力；

（9）拜访太多朋友，且拜访时间太久。

对于大多数职场人来说，上述的理由并不陌生。要想做一个成功的职业人士，必须解决浪费时间的问题。每个人的时间都掌握在自己手上，全天下除了你自己之外，没有人能够为你解决浪费时间的问题。在这里，你若想铲除浪费时间的根源，就要把你时间里的“枝芽”摘除掉，把养分——精力和注意力灌溉给会结出果实的主干，只有这样，才能提高你的工作效率，使你享受成功的果实。

李琳受聘于一家顾问公司，她平均每年要负责处理130宗案件，而且她的大部分时间都是在飞机上度过的。李琳认为和客户保持良好的关系非常重要，所以，在飞机上她就给她的客户们写邮件。她说："我已经习惯如此了，这有什么坏处呢？"

一位等候提行李的旅客对她说："在近3个小时里，我注意到你一直在写邮件，你一定会得到老板的重用的。"

李琳则笑着说："我早已是公司的副总了。"

工作中表现出色，得到老板赏识的员工，都有一个促使他们取得成功的好习惯：变"闲暇"为"不闲"。就像李琳一样，抓住工作时间的分分秒秒，不图清闲，不贪暂时的安逸。高效利用时间是有效执行的一个具体表现，也是做一个合格员工的前提条件。时间是由秒积成分的，用"分"计算时间的人，比用"时"来计算时间的人，时间多59倍。所以，善于利用零星时间的员工，总会做出更大的成绩来。

年轻人最宝贵的资源是时间，但是，如果不充分利用时间来换取其他的资源，那最后的结果只能是白白地浪费了自己的青春。一年又一年的时间流逝了，你最初拥有的时间资源只会变少，而你却收获无几，这无疑是所有可悲的事情中最可悲的一件。

工作中，我们常常会遇到这样的情况：需要打开或下载某个网站内容，而网速却慢得像虫爬；焦急地等待某人，却不知道他何时会到；所有任务都已完成，而下班的时间还未到，等等。

若百般无聊地等待，你的时间会在你发蒙时一刻不停地流逝；如果预先准备一些不需要耗费大量的脑力去思考，或随时可以开始，随时可以中断，并且下次可以继续进行的工作，就可以利用这样的时间去进行它。如浏览报纸杂志、剪贴摘报、整理文件、阅读有益的但是非专业的书籍，等等。积羽成裘，积沙成塔。长期坚持下去，你会发现不仅可以把这些零碎的时间充分利用起来，并且会有额外的惊人收获。

总之，谁善于利用时间，谁的时间就会成为“超值时间”。作为一名员工，当你能够高效率地利用时间的时候，你就会对时间获得全新的认识，知道一秒钟的价值，算出一分钟时间究竟能做多少事。这时，若再担心不被老板赏识，就是杞人忧天了。

延伸阅读

如何科学安排工作时间

科学安排时间是把握时间的前提。凡事预则立，不预则废。把工作时间安排得科学有序，干起来才能忙而不乱、忙而有序。

对于工作时间的安排宜详不宜略，宜细不宜粗。

1. 单位时间要小

不要用小时计算工作时间，而要用分钟，越小越有助于促使自己珍惜时间、抓紧时间、充分利用时间。

2. 工作任务要明

对于每天、每周拟完成的工作任务要制订详细的计划表。本周做什么、今天干什么，以及在某个时段完成什么，都要做到心中有数。

3. 工作时限要活

日常工作中常常会出现自己的工作计划与领导安排或临时性工作发生冲突的现象。因此，我们在工作时间的安排上要尽量做到灵活机动，松弛有度。既要有“时”可依，按“时”行事，又不能囿于计划，让计划成为一种负担，束缚了自己。

此外，一个人在每天的不同时间里，精力状况是不一样的。因此，我们在工作时间安排上不能平衡用力，而应找出自己在一天中，什么时间思维最活跃，什么时间工作效率最高。要充分利用自己效率最佳的工作时间来处理最重要和最难办的“思考型”工作；而把精力稍差的时间用来处理日常“事务型”工作，确保把好钢用在刀刃上。

最后，事有轻重缓急，如不分主次同等视之，必然导致工作中顾此失彼。你也许会发现辛苦忙碌了一天，临到下班才想起该办的事情还没有办。因此，在工作时间安排上要结合实际制定一套判断的标准，用来决定哪些事应该优先考虑，哪些事应该稍后处理。做到急件马上去办，优先件尽快去办，普通件有空去办。

请根据本节内容写出你的体会和改善计划

体会：______________________________

____

____

____

____

改善计划：

充电直通车

1. 体验小游戏：细节中无小事

本游戏环节体现的是个人的现场表现能力。

游戏规则：每个人面对大家阐述自己对细节中无小事的认识，并列举自己身边的实例。每个人的准备时间为3分钟，阐述时间为3分钟。上一个人阐述完毕，大家分别给其打分，评分分值从1～10分的区间量取；去掉一个最高分，去掉一个最低分，取平均值后的分数为其最后得分。按最后得分由高到低排列，第一、二、三名给予适当的物质奖励。

游戏目的：让大家更为清晰地认识到细节中无小事。

通过本游戏，请你写下自己的感想

____

____

____

____

____

____

____

____

____

____

2. 互动环节：《你猜，你猜，大家猜猜猜》

本游戏环节体现的是榜样示范效应。

游戏规则：事先把单位内一些重视细节，在平凡中创造佳绩的典型员工的工作事例编成小故事（可以渲染、夸大，但不能一眼就看出是原事例）。把这些故事制作成文本，分发给每个人，让大家猜猜都是谁，全部猜对者奖励一份小礼品。

游戏目的：通过游戏把榜样的示范效应放大。

通过本游戏，请你写下自己的感想

3. 星光大道大 PK：谁是“最重视细节”的人

本游戏环节体现的是现场激励效应。

游戏规则：把所有的人按两个人一组进行分组。每一组可以从预先设置好的若干个工作场景中选择一个。然后，开始模拟工作，一次进行一组模拟，时间为 3 分钟，其他组的两人沟通后共同为模拟工作的两人分别评分。评分标准是重视工作中小事的程度；评分分值从 1 ~ 10 分的区间量取，去掉一个最高分，去

掉一个最低分，取平均值后的分数为其最后得分。所有的小组 PK 完毕后，按最后得分由高到低选出 10 名得分最高者进行最后的大 PK！

最后的大 PK 的规则同前一轮 PK。最后，按个人得分由高到低排序，第一、二、三名给予适当的物质奖励，其余 7 名入围者每人给予一份小礼品以资鼓励。

游戏目的：通过游戏激励大家争做“最重视细节”的人，让重视细节的观念深入每一个人的心底。

通过本游戏，请你写下自己的感想

第四章 执行无小事，到位是关键

执行没有任何借口

> 在任何一个企业中，那些最优秀的员工都明白一个做事的原则，那就是服从上级的决策，第一时间去执行。

没有任何借口是高效执行力的表现。在工作中，无论做什么事情，员工都要记住自己的责任，无论在什么样的工作岗位，都要对自己的工作负责。工作就是不找任何借口地去执行。

借口是一种不好的习惯，一旦养成了找借口的习惯，你的工作就会拖沓、没有效率。抛弃找借口的习惯，你就不会为工作中出现的问题而沮丧，甚至可以让你在工作中学会大量的解决问题的技巧，这样借口就会离你越来越远，而成功会离你越来越近。作为一名合格的员工，就应该努力去执行上司下达的任务，而不是去找任何借口，哪怕是合理的借口。

我们经常遇到很多员工在执行的时候总是不断地找借口拖延：或者说目标任务不切合实际，或者说能力不够，或者说时间仓促，等等。“人是什么？人是一种最会找借口的动物。”这是法国文艺启蒙时期一位思想家的话。话虽然有些偏颇，但却生动地反映了职场中的现实情况。

假如你是一个企业的老板，你心目中的最佳员工是什么样？是在遇到困难时只想往后躲、推诿责任的员工，还是那些将公司的事当做自己的事、积极想办法解决困难的员工？

毫无疑问，老板最欣赏的是那些主动要求做某项新工作、接受新挑战的员工。无论能否做好，至少这些员工比那些只会被动地接受工作的员工更令人欣赏，因为他们有勇气、有信心，而且会从尝试中学习到更多的经验，增长更多的才干。

方梅在一家大型建筑公司任设计师，常常要跑工地，看现场，还要为不同的老板修改工程细节，异常辛苦。虽然她是设计部唯一的女性，但她从来不逃避强体力的工作。不管是爬楼梯到25层，还是去野外勘测，她从来都是二话不说，主动去做。

有一次，老板要为一位客户设计一个可行性的设计方案，时间只有三天，大家都感到时间太紧，都不愿接受这项工作。当老板最后把这项任务交给方梅时，她二话没说，当即就去看了现场，然后开始工作。三天时间里，她都在一种异常紧张、兴奋的状态下度过的。她食不甘味，寝不安枕，满脑子都想着如何把这个方案弄好。她到处查资料，虚心向别人请教，虽然大家都知道这是一件很难做好的事情，但谁也没有想到，三天后，眼睛布满血丝的方梅却准时把设计方案交给了老板，而且得到了肯定。

很快，方梅成为设计部的红人，不久，被提升为设计部主管，工资也翻了几倍。后来，老板告诉她，他最欣赏像方梅这样对于领导交代的工作不找借口、认真执行的人。

哪个老板会不喜欢像方梅这样接到任务没有任何借口努力执行到位的员工呢？那些喜欢找借口的员工，往往将自己的失败归咎于工作的困难和对手的强大。在遇到困难和挫折的时候，不是积极地去想办法克服，而是去找各种各样的借口为自己的懒惰和怯懦找理由。不要拿“我没干过”之类的话做借口，工作的过程本身就是一个学习过程。不怕干不了，就怕不去干。不敢去尝试的员工，永远也开创不了新天地，只能在自己的狭小世界中徘徊。

毋庸置疑，遇事就找借口的员工绝不是称职的员工。如果你存心拖延逃避，你就能找出成打的借口来辩解为什么事情不可能完成或做不了，而为什么事情该做的理由却少之又少。把“事情太困难、太花时间”种种借口合理化，要比相信“只要我够努力、够聪明、坚持不懈，就能完成任何事”容易得多。

在美国卡托尔公司的新员工录用通知单上印有这样一句话：“最优秀的员工是像恺撒一样拒绝任何借口的英雄！”找个借口，是丝毫不费力的事情，但是这样你表面上得到了安慰，实际上你将一事无成。

很多人都害怕工作中遇到问题，唯恐问题影响工作进度和质量。其实，天下没有解决不了的问题，只是暂时还没有找到方法。现在的时代已经不是只要肯出力就能做好工作的时代了。公司聘用员工时看中的不是员工的双手，而是员工的大脑，是希望员工能积极主动地思考，运用其判断力为企业带来最大的收益。

歌德说："把握住现在的瞬间，从现在开始做起。只有勇敢的人身上才会赋有天才、能力和魅力。因此，只要做下去就好，在做的过程当中，你的心态就会越来越成熟。能够有开始的话，那么，不久之后你的工作就可以顺利完成了。"

一个受企业欢迎的人，必然是一个主动服从的人，因为，只有服从才能不折不扣地去执行，没有服从就谈不上执行。某集团董事长曾经这样说："我最不喜欢的员工，就是那种你对他说了很多事，他往往只会说行，知道了，但是最后做的结果却根本不是那么回事，或者根本没有去执行的人。"

最可爱的员工是这样一些人：想尽办法去完成任何一项任务，而不是为没有完成任务去寻找借口，哪怕看似合理的借口也不要。每一个工作单位里的领导都清楚：任何借口都是为了推卸责任，在责任和借口之间，选择责任还是选择借口，是一个人工作态度的体现。因此，企业里那些优秀的员工总是遵循着一个工作原则，那就是第一时间去执行领导的决策，永远不为自己找借口。

不要让小小的借口毁掉自己的前程，因为在执行工作的过程中，任何一个小借口都有可能导致执行失败，更重要的是，借口虽小，却体现了一个人的工作态度以及职业素养。“没有任何借口”地去做事情的人，他们身上所体现出来的是一种服从、诚实的态度，一种负责敬业的精神，一种完美的执行力。

因此，在执行中，千万别找借口！最好的办法是把寻找借口的时间和精力用到努力工作中来，因为工作中本来就没有借口，失败更不会因为借口的存在而左右，成功也不会属于那些寻找借口的人！

延伸阅读

工作中借口的五种形式

1. 这件事情我没有参与，所以这个不应当是我的责任

许多借口总是把“不”、“不是”、“没有”与“我”紧密的联系在一起，其潜台词就是“这事与我无关”，不愿承担责任，把本应自己承担的责任推卸给别人。一个员工如果没有责任感，见到责任就推脱，便不可能与同事很好的沟通，也不可能获得上司的信赖和尊重。

2. 最近我很忙，我尽快做

这样的说法似乎合情合理，但若仔细分析，就可以发现，这样说实际上也就是为自己在完成工作的时间上找了一个冠冕堂皇的借口：“我无法立即完成是有原因的。”这样就很容易放纵自己拖延完成这项工作的时间，本来应1个小时完成的事情，他可能需要半天的时间。所以，找借口的一个直接后果就是容易让人养成拖延的坏习惯。

3. 我们以前从没那么做过

寻找借口会让人因循守旧、不思进取，缺乏创新

精神和自动自发工作的能力，所以借口不仅会让人从行动上放慢速度，也会让人在思维上变得懒惰。我们时常会听到这样一些话：原来不是这么做的……这样就妨碍了我们思路的进一步开阔。

4. 我从没受过适当的培训来干这项工作

这其实是为自己的能力或经验不足而造成的失误寻找借口，这样做显然是非常不明智的。借口只能让人逃避一时，却不可能让人如意一世。没有谁天生就能力非凡，正确的态度是正视现实，以一种积极的心态去努力学习、不断进取。

5. 我与对方相比，有太大的差距，所以我不可能超越对方

这种说法实际上就是在说“我不行”、“我不可能”，这种消极心态剥夺了一个人成功的机会，最终让人一事无成。当人们为不思进取寻找借口时，往往就会这样表白。

借口给人带来的严重危害是让人消极颓废，如果养成了寻找借口的习惯，当遇到困难和挫折时，不是积极地去想办法克服，而是去找各种各样的借口，这样同样会妨碍我们走向成功的脚步。

请根据本节内容写出你的体会和改善计划

体会：

改善计划：

主动精神是执行的最好动力

> 任何一个企业都迫切地需要那些主动、负责、具有创造性的员工。优秀的员工不是被动地等待别人安排工作，而是主动地去了解自己应该做什么，做好计划，然后全力以赴地去完成。

有些刚刚走出大学校门的年轻人，面对自己从未接触过的工作，一时有些手足无措，每当领导交给他们工作任务时，他们总是要问一句该怎么办，这种做事方法长此以往就会出现依赖心理，只会被动服从，不会主动开拓。

其实，只要你主动承担任务，积极行动起来，就可以在行动中逐渐完善。只要做起来，哪怕很小的事，哪怕只做了五分钟，也是一个好的开端，就能带动我们着手做好更多的事情。

成功的人很早就明白，什么事情都要自己主动争取，并且要为自己的行为负责。没有人能保证你成功，只有你自己；也没有人能阻挠你成功，只有你自己。要想获得成功，你就必须敢于对自己的行为负责，没有人会给你成功的动力，同样也没有人可以阻挠你实现成功的愿望。

养成率先主动的工作习惯，就掌握了个人进取的精义。那些以无比的热情看待自己工作和事业的人，总能发掘出无穷的机会。相反，那些被动的人只能永远等着别人给他安排任务，而且还要推托搪塞，与此同时，他也推掉了成功的机会。

不管你现在所从事的是怎样一种工作，无论你是建筑工地上的一名工人，还是办公室里的一名普通职员，主动执行是必备的素质之一。只有当你主动、真诚地执行任务时，成功才会随之而来。而每一个老板也都在寻找能够主动做事的人，并以他们的表现来给予他们相应的回报。

执行力是决定组织成败的一个重要因素，也是构成组织核心竞争力的一个重要环节。比尔·盖茨就曾坦言："微软在未来10年内，所面临的挑战就是执行力。"执行需要主动精神，每个公司也都努力把员工培养成能够主动执行任务的人。拥有主动精神的员工不会墨守成规、像机器人一样吩咐他做什么就做什么，他们有独立思考的能力，能自觉发挥主动性，积极、有效地执行，并出色地完成任务。

只有率先主动的去执行任务，才会让老板发现你实际做的比你原来承诺的更多，你才有机会获得加薪和升迁。如果你只是尽本分，或者唯唯诺诺，对公司的发展前景漠不关心，你就无法获得额外的报酬，你只能得到属于你应得的那一部分，当然，这比你想象的要少。

卡耐基说："有两种人将永远一事无成，一种是除非别人要他去做，否则，绝不主动去做事的人；另一种则是即使别人要他去做，也做不好事的人。那些不需要别人催促就会主动去做应该做的事、而且不会半途而废的人必将成功。"

机会空间来自于自己的主动，主动的人是最聪明的人，是团队中最好的伙伴，是人人都想要有的朋友。永远要记住，主动精神是你最好的老师。在面对困难的时候，可以帮助你的是你自己的主动精神，而不是运气。

周娥是来自偏远地区的打工妹，由于没有什么特殊技能，就应征到一家餐馆做了一名服务员。在别人看来，服务员的工作再简单不过，只要招待好客人就可以了。

可周娥的表现却出人意料，她从一开始就表现出了极大的热情，不仅主动做事，还肯动脑子，不断地学习。一段时间后，她不但能熟悉常来的客人，掌握了他们的口味，而且只要客人光顾，她总是千方百计地使他们高兴而来，满意而归。她不但赢得了顾客的连连称赞，也为饭店增加了收益——她总是能让顾客多点一两道菜，并且在别的服务员只能照顾一桌客人的时候，她却能独自招待几桌的客人。

后来，一位投资餐饮业的顾客看中了她的才干，准备与她合作，资金完全由对方投入，她负责管理和员工的培训，并且对方郑重承诺：她将获得25%的股份。现在，她已经成为一家大型餐饮企业的老板了。

比尔·盖茨说过："一个好员工，应该是一个积极主动去做事，积极主动去提高自身技能的人。这样的人，不必依靠强制手段去激发他的主观能动性。"周娥正是这样一个好员工。

在现实中，很多员工接到任务后推三阻四，不能立即执行到位。平时他们总是踩着点上下班，上司或老板在的时候表现出一副忙碌、认真工作的样子，上司或老板不在身边就开始偷奸耍滑。他们总是在领导的一再催促，甚至是苦口婆心地劝说下才能勉强把事情完成。他们做事总好像是有人在背后用鞭子抽着，用脚踢着，情不得已才去做一样，而且还总是不停地抱怨老板的苛刻与小气，埋怨社会的不公平，并在工作中想方设法拖延、敷衍，只是每天算着领薪水的日子，工作对他们来说就像是负担。这样的人必然不能得到领导的赏识和提升，甚至随时都可能处在失业的边缘。

因此，在工作中遇到林林总总的问题时，不要幻想逃避，也不要犹豫不决，更不要依赖他人，而要敢于面对和迎接，敢于做出自己的判断。对于自己能够判断，而又是本职范围内的事情，要大胆地拿出主意，让问题在自己那儿解决。解决了问题，你才能迎向新的契机。

具有主动精神的员工，有着对任务一流的执行力。他们会自觉地加班加点，尽最大努力把工作任务完成，他们时刻都在考虑怎样尽善尽美地完成工作。他们不仅会圆满地完成任务，还会为老板考虑，自觉提供尽可能多的建议和信息。这类员工因此得到重用和提升，自然也就拥有比别人更多的成功机会。

任何一个员工，都不能只是被动地等待别人来告诉自己应该做什么，而是应该主动去了解自己应该做什么，还能做什么，怎样做到精益求精。

在企业里，有很多的事情也许没有人安排你去做。如果你主动地行动起来，那么这不但能锻炼自己，同时也为自己积蓄了力量。其实，主动是为了给自己增加机会——增加锻炼自己的机会，增加实现自己价值的机会。

延伸阅读

企业的"终极期望"——一封经理写给员工的信

亲爱的员工：

恭喜你成为本公司的一员，公司聘请你来处理一些迫切的需求。如果不是有迫切需求，我们也许就不会聘请你来帮忙了。

不过，我们已经决定，必须聘请你这样具有技能和经验的人来帮我们，而且你是帮助公司满足需求的最佳人选。我们恭喜你获得这项职务，并诚心地邀请你接受这项职务。谢谢你！在你进入公司任职后，公司会要求你做很多事情，例如：一般职责、特定交办任务等，向公司证明我们聘请你是一个明智的决定。

不过，我们必须先向你说清楚，有一项最重要的职责是你在任职期间，必须时时牢记在心的。因为日后，我们绝对不会再次要求你。而这项职责就是企业的"终极期望"，其内容如下：有些事，不必老板交代，该做的事就去做！

没错，公司聘用你来做好工作，但更重要的是，我们聘用你随时去思考，去运用你的判断力，以组织利益为前提采取行动。

如果我们再也不提及此事，请别以为我们认为它已经不再重要。我可能是被日常工作和持续进行的活动搞得忙得抽不出身来提醒你。我们的日常运作，可能会给你造成这项重要职责已不再适用的错觉。不过，你千万别被这一切所蒙骗。

请千万别忘了“终极期望”这件事。你在公司任职期间，请时时牢记这项最高指导原则和行事哲学，让它引导你的思维及行动。

只要在任职期间，公司就允许你在基于彼此互利的情况下采取行动。

不论何时，你如果发现我们并没有做到该做的事，没有做到你认为对公司最有利的事，请务必告诉我们。公司允许你在必要时把未明确说明的事说清楚，也允许你提出建议，或对公司采取的行动或决策提出质疑。

我们也许未必会认同你的看法，也未必会改变正在进行的事。不过，我们随时都想倾听你的意见，了解你认为怎样做更能帮助公司达成目标和目的，更能在流程中为彼此创造成功的经验。

在你想对既有工作流程寻求改变之前，你必须先努力了解既有工作流程以及这样做的原因。先试着在既有体系中运作，不过，如果你认为哪些体系该做改变，也请你告诉我们。

你可以跟我和其他同事讨论这封信提及的事项。这样的话，大家都能把“终极期望”做更好的运用。

你的经理敬上

请根据本节内容写出你的体会和改善计划

体会：______________________________

____

____

____

____

____

改善计划：______________________________

____

____

____

____

____

全力以赴，把每一件小事做到位

一件小事不仅可以反映出一个人的内心，也可以反映出一个人的品质。如果一个人能够从身边的每件小事做起，对自己严格要求，对待工作严肃认真，那么他一定能够获得成功。

一个人无论从事何种职业，在什么工作岗位上，都应该尽心尽责，尽自己的最大努力，把工作中的每一件小事做到位。有位成功人士说："我在一段时间内只会集中一切精力做一件事，但我会彻底做好它。"这就要求我们无论做什么工作，都需要做到位、做到最好。"先把小事做好、做到位"是"干大事"的重要前提！

或许我们每个人都曾经有过这样的经历：当我

们经验不足、能力还没有被认可的时候，领导分派给我们的是最不起眼的工作，这样的工作与我们的期望有着巨大的落差。在这时候，我们往往就会消极怠工、苦闷、彷徨，觉得没有出路，甚至一走了之。最终，我们在职场中辗转，却始终找不到心目中的那个伯乐。

大事是由众多的小事积累而成的，忽略了小事就难成大事。从小事做起，逐渐锻炼意志，增长才智，日后才能做大事，而眼高手低者，是永远也干不成大事的。因此从小事中见精神，得认可，以小见大，见微知著，赢得人们的信任，你才能得到干大事的机会。

一滴水可以折射出整个太阳的光辉，一件小事可以看出一个人的内心世界。一个员工有没有责任心，是不是热爱自己的企业，并不仅仅体现在大是大非面前，也体现在细微的小事之中。一个连小事都不愿负责任的人，又怎能在大事面前敢于担当呢？一个对待工作不谨慎、马虎、大大咧咧的员工，又怎么能把工作圆满完成呢？

陈亮来到一家家装公司工作，打扫卫生的时候，洒的水溅到了板材上，他认为这实在是一件小事，一点儿也没有在意。但是，刚好公司老板来视察，在工地上严厉地训斥了他一番，但他并不以为然。

陈亮负责的第一个工地终于等到验收了。除了有些细节没到位，例如涂料只是有点沙眼，油漆只是有点刷痕等小事，其他的做得都不错。当陈亮一脸希望地等着来工地检查的老板对他赞许有加时，却被批评得无地自容。从此，陈亮懂得了，工作中无小事，只有全力以赴、尽善尽美才能得到嘉奖。

当今社会，轰轰烈烈干大事、创大业者不乏其人，而能把普通工作当事业来干的人却是凤毛麟角，因为干事、创业的人需要较高的思想觉悟、高度的敬业精神和强烈的工作责任心。

责任是什么？歌德认为："责任是一种耐心细致的行动，是一种把你应该做好的日常工作做到最好的、充满激情的行动。"责任体现在精心处理最单调、最烦琐、最乏味的日常工作中，体现为对整个执行过程全力以赴，执行到位。正是这种全力以赴把每一件小事都执行到位的精神，才使一个人能把事情做得最好，并能担当最重要和最复杂的工作。

有一句话说得好："今天的成就是昨天的积累，明天的成功则有赖于今天的努力。"把工作和自己的职业生涯联系起来，对自己未来的事业负责，你会容忍工作中的压力和单调，无论你正在做一件多么细小的事，你也会觉得自己所从事的是一份有价值、有意义的工作，全力以赴地把它做到位，并且从中可以感受到使命感和成就感。

卡耐基说："不要害怕把精力投入到似乎很不显眼的工作上。每次你完成这样一件小工作，它都会使你变得更强大。如果你把这些小工作做好了，大的工作往往就迎刃而解了。"看似不起眼的小事，如果你全力以赴把它做漂亮了，也许就是决定你命运的一个契机。

张青刚从学校毕业就应聘到一家外贸公司工作，她的意向是做经理秘书，但公司开始却安排她做办公室文员，具体的任务就是负责收发、复印文件。她稍作了一会儿思想斗争之后，还是积极地投入到工作中去了。同事们交代的事情，她都能准确而及时地完成，同事们都夸她责任心强，工作交给她令人放心。

有一次，经理拿一份合同让她复印，十万火急的样子，细心的她习惯性地快速浏览了一遍，当经理有些不耐烦地催促她时，她指着一处刚发现的错误给经理看。经理看完以后，惊出了一身冷汗。她的更正为公司避免了几百万元的损失，因此，她很快便被提升为经理秘书。

就算是复印文件这样的小事，如果能够全力以赴做到位，你也能从中获得成功的机会。“全力以赴”，体现了一个人“追求完善”的境界和创造力。其实，我们芸芸众生能做大事的实在太少，多数人的多数情况还只能做一些具体的事、琐碎的事、单调的事，也许过于平淡、过于繁杂，但这就是工作、就是生活，也是成就大事不可缺少的基础。我们从事基础工作的每个人都要树立“全力以赴，追求完美”的全新理念，在平凡、琐碎、繁杂的日复一日、年复一年的岗位上体现出“全力以赴”的崇高境界。

细节，对企业、对单位来说是决定成败的关键，对个人来说，同样如此。性格和习惯中的粗糙是人生的大忌，更是妨碍成功的重要因素。社会上“差不多”比比皆是，好像、几乎、似乎、大约、大体、大概，等等，成了“差不多”的常用词。就在这些词汇一再使用的同时，社会上违章违纪、不讲原则的事情屡禁不止。而“全力以赴”正是对粗制滥造、马虎大意的有力抨击，是对事业、对工作兢兢业业的弘扬和赞赏。

“全力以赴”也是一种动力。如何把小事做好，最重要的就是用心。只有人人都关心每一件小事的细节，“用心做事”，才能减少遗漏和失误。以“全力以赴”的全新观念来调动我们的工作热情，变“要我工作”为“我要工作”，在平凡的岗位上，“全力以赴”，以追求和达到“完美”的目的。

事无巨细都应全力以赴、尽善尽美，如果一个人能够养成这样的习惯，工作也一定会做得更出色。

延伸阅读

在小事中提升自己

开始工作时，缺乏工作经验，领导绝不会把重要的事交给你，因为他不确定你能否完成，这是常理。但他会把小事交给你，如果你认为事情太小、太不重要而懒懒散散、马虎对待，那么在领导看来，你就不可能是一个好员工，连小事都办不好，那还有什么事情可以放心的交给你呢？

比尔·盖茨说："每一天，都要尽心尽力地工作，每一件小事情，都要力争高效地完成。尝试着超越自己，努力做一些分外的事情，不是为了看到领导的笑脸，而是为了自身的不断进步。"

如果领导一次次地把小事交给你，你都尽心去做，而且完成得非常好，这时，公司仍然没有给你加薪，你觉得你亏吗？不亏，因为你在做小事的过程中，通过与各部门的接触，不断了解了公司情况、各部门的工作性质，熟悉了工作内容，同时加强了业务知识，增强了自己的判断能力和思考能力，你自己得到了提升。经过一段时间的努力，当你的工作能力提高到一定档次，领导就会试着把重要的事情交给你，有了做小事时打下的良好基础，你就一定能顺利完成，领导自然就会满意，加薪升职也是理所当然的。

请根据本节内容写出你的体会和改善计划

体会：

改善计划：

一开始就把事情做对

> 一开始就把事情做对，使其达到不用修改的程度，这也是一种完美。当然这是从每一个小的目标、小的事件来测试的，把每一件事情都当做一个目标，将每一个目标都做到极致，这就是自己的成就。

在很多人的工作经历中，也许都发生过工作越忙越乱，解决了旧问题，又产生了新故障，在一团忙乱中造成了新的工作错误，结果是轻则自己不得不手忙脚乱地改错，浪费大量的时间和精力，重则返工检讨，给公司造成经济损失或形象损失。

我们要想杜绝这种现象，成为一个高效率的执行者，就必须具备追求完美的精神，工作时要求自己能够做到最好的就不要做到差不多；可以努力达到艺术家的水平，就不要甘心沦为一个平庸的工匠。只有一开始就把事情做对，才是优秀的人才。

什么是“一开始就把事情做对”？就是一开始把正确的事情做正确。“做正确的事”是战略，“正确地做事”是执行，“一开始”则是效率——这就是“一开始就把事情做对”的完整真义。

一开始没把事情做对，忙着改错，改错中又很容易忙出新的错误，恶性循环的死结越缠越紧。这些错误往往不仅让自己忙，还会放大到让很多人跟着你忙，造成巨大的人力和物资损失。

许多人，尤其是初涉职场的年轻人错误地认为，对简单的问题较真就是一种浪费，不必做得很详细、很彻底。事情真的是这样吗？

李磊刚从某著名大学毕业，怀着满腔的热血和抱负想要到社会上成就一番事业，当他过五关斩六将应聘到一家著名企业的时候，主管分配给他的任务居然都是一些鸡毛蒜皮的小事情，他的豪情壮志一下子跌落到了谷底。

有一次公司准备年会，部门里的同事们都在加班加点的忙碌，他也被留下来加班。主管分配给他的任务是装订和分封。他非常生气，觉得自己不应该只做一些小事情，于是连简单的准备工作都不做，任凭同事们在周围忙碌着。

终于在接近凌晨一点的时候，一堆的资料到了他的办公桌上，他才准备装订，但是正在这时他发现没有订书针了。他再次翻找了所有的地方，都没有找到。主管知道后震怒："你不管用什么样的方法一定要在明天天亮之前弄完，不然我们要你这样的大学生也没有什么用了。"

他四处奔波，终于在两个多小时后在一家通宵营业的商务中心找到了订书针。自此之后他再也不抱怨自己做的事情太小了，因为他知道了每一件小事都是一个测试。从此，无论面对多么小的事情，他总是告诫自己一定要认真，"一开始就把事情做对"！

如果李磊在一开始就认真对待自己的工作，做好准备，那么，他就不至于在找"订书针"这样比装订更小的事情上多花费两个多小时。在工作中，“忙”的目的是创造价值，而不是忙着制造错误或改正错误。只要在工作完工之前想一想出错后带给自己和公司的麻烦，想一想出错后造成的损失，就应该能够理解“一开始就把事情做对”这句话的分量。

赵民在一家广告公司工作，在为客户制作的宣传广告中，他不小心将客户的联系电话中的一个数字弄错了。当他把制作的宣传单交给客户时，客户由于时间紧，第二天就要在产品新闻发布会上使用它，而没有详细审核就接收了。直到新闻发布会结束后，在整理剩下的宣传单时，才发现关键的联系电话有错误，而这样的宣传单已发放了5000多份。

客户一怒之下，向赵民所在的公司要求巨额赔偿。由于错在己方，而且客户召开新闻发布会的费用的确巨大，无奈之下，他们公司只好按照客户的要求进行了赔偿。但事情并没有就此结束，这件事情传开后，他们公司便在客户中失去了信誉，渐渐地便没有生意可做了，因为没有人再敢把自己的业务交给他们去做，害怕再出差错给自己造成麻烦和损失。

一开始就把事情做对，是一个人对工作尽职尽责的表现，而对工作尽职尽责不是某一个时段的过程，而应该贯穿于我们的整个工作始末，甚至我们整个人生。如果把一个企业比做一个复杂的机器，那么每个员工就是机器上的零件，任何一个零件出问题，机器都将无法运转。

每个员工把自己遇到的问题一次性解决，实际上就是为其他员工的工作做好了铺垫，因为上一道工序的结束就是下一道工序的开始。反之，如果每个员工的问题都没有解决，积累起来就会形成严重的安全隐患，给企业带来巨大的影响。

有些错误看起来非常小，也很常见，比如，统计在做表的时候弄错了一个数字，销售人员不小心把客户开的支票折叠了，电话号码或者是电子邮箱中间有一点儿小小的错误……很难说这样的错误有什么不可以原谅的。

但是统计数字错了一个小数字，年底的时候被发现了，需要一个人或几个人花费少则几天，多则一个星期的时间去重新查找。销售人员从客户那里拿来的支票不小心折了，需要花很长的时间返回客户那去跟客户沟通，然后公司的财务部门和上司都要加班等待他回来签字入账，报纸上登的广告电话号码和企业的电子邮箱中间有一个小小的错误，广告费用浪费了不说，还会让自己公司的发展计划受阻……

即使不考虑你或者是你的同事需要花费多长的时间去改正，而且有些事情即使及时改正了，它所造成的一些大损失也无法弥补。比如广告上企业的电子邮箱和电话号码的错误，公司会在无形之中丧失非常多的与大的客户或者是知名企业合作的机会，甚至还会因为电话被登的事情被电话的主人控告，遭受名誉和经济上的损失。

因此，一开始就把事情做对是为了珍惜机会、珍惜自己的时间，应把每一件事情做到极致，以避免犯无谓的错误和不必要的损失。

延伸阅读

怎样才能一开始就把事情做对

1. 你必须是一个有责任心的人

即使是一个能力平平的人，一旦心中充满了责任感，浑身上下都会散发出迷人、感人的光芒。当他在强烈的责任心的牵引下做事时，一定会在一开始就把事情做对。

2. 你必须是一个专注的人

英特尔公司董事长安德鲁·格罗夫认为：“字典里最有用的词汇是专心致志。你若集中全部精力做一件事，而这件事远比本行业其他人干得更出色，那你就不必两面下注，为规避风险去殚精竭虑。”要想成就一番事业，最基础的就是要把自己力所能及的事做好，而这必须用心专一。

3. 你必须拥有真才实学

强烈的责任心和专注度，只有在真本领的烘托下才能最大限度地提高工作效率，否则最多只能把事情做完，而不是做对做好。

4. 你必须是一个有道德的人

工作中的优良道德，实际上指的是严谨的做事习惯，这直接决定了一个人能否把工作做好。要想把问题一次性解决，一开始就要把工作做对，这种品德必不可少，久而久之，必将有助于你的成功。

请根据本节内容写出你的体会和改善计划

体会：________________________________

改善计划：____________________________

“做了”，更要“做好”

> 一个人的能力不是体现在你是否“做了”事情，而是体现在你是否“做好”了事情。做好手上看似很小的事情，其实是在锻炼一个人的耐心、勇气以及品行。

公司对员工关于执行力的要求，在逐渐转变，原来强调执行力，而现在更多的是强调执行能力。两者虽仅一字之差，但却有本质区别。执行力注重执行与否，也就是所谓的“做了”没有，属意识范畴；而执行能力则更注重执行的质量、效果，强调事情不仅要“做了”，而且还要“做好”，也就是“到位”。

联系到具体的工作，当问及某件事时，常会听到这样的回答：“我已经做了。”倘若再追问下去：“效果如何？结果怎样？问题解决了吗？”大都可能就答不上来了。追根究源，还是大部分员工做事只停留在“做了”的层面上，不追求做事的结果。

所以说，衡量一个人执行力强不强，关键是要看他的执行能力，看他是敷衍了事地“做了”，还是精益求精地“做好”。一个组织是不是抓住了执行力的关键，就看它是不是把管理的重心放到“做好”两个字上。

把自己本职的工作做到最好，这本是一个合格员工必须具备的工作素质，然而不幸的是，在很多公司中，许多员工却不这么认为。他们总觉得自己的工作非常微不足道，无论是否做好都没有关系，只要“做了”就行。

在生活中，的确有这样一些工作，它们看上去不是很高雅，工作环境也很差，社会似乎也不太关注它们。但是，你千万别因此而轻视这样一份工作，你必须要用这样的尺度去衡量它：只要它是有用的，就值得你去做，更值得你去做好！

一个员工一旦轻视自己的工作，那他就不可能全身心地投入工作，而一旦他们以敷衍了事和得过且过的态度对待工作，肯定会影响到公司这个目标任务的完成。这样的员工到任何一个公司都不会受到欢迎。像这样下去，他们必定会遭到社会的淘汰。

事实证明，工作没有贵贱，但工作态度却有高低的区别。看一个员工的工作态度就能立刻知道他能否做好事情，而决定一个员工工作的要素又是他的性情与才能。事实上，一个员工的工作态度可以说代表了他这个人的职业心态。

范静上中学的时候，老师出了道数学难题，叫范静和另一名同学上讲台解答。范静很快考虑好解答步骤，而另一名同学还在那里凝神。为了表现一下自己的聪明才智，范静很得意地用粉笔在黑板上“刷刷刷”，三下五除二，就计算好了。这个时候，那名同学还在一笔一画地写着。范静很自豪，将粉笔头一扔，大摇大摆地回到座位上。

结果，范静和那位同学都答对了，但老师给的评语却大不相同。她指着黑板上范静写的字说：“看看，急急忙忙、潦潦草草、马马虎虎，这是做学问的严谨态度吗？在能力相当的情况下，做学问其实就靠一个人的态度了……”范静心中很不服气。

多年后，范静去应聘一个会计职位。由于有相关工作经历和较高的职称，范静一路过关斩将，最后只剩下一个其貌不扬的家伙与范静去参加最后的面试。

那个单位的会计主管接待了他们，他拿出一堆账本，要他们两个人统计一下某个项目的年度收支情况。虽然只是个“小儿科”，但范静不敢懈怠，每个数字都牢牢把握，认真地在算盘上加加减减。

一个小时左右，范静便完成了任务。10 分钟后，竞争对手也收工了。会计主管叫他们在一旁等待。然后拿着他们的“试卷”去了老总办公室。

结果像当初老师给的评语一样令范静吃惊和恼火——她没有被录用！为什么？

会计主管回答：“你没有做月末统计，而他不但做了，还做了季度统计。”

范静问：“不是要年度统计吗？”

主管笑道："是啊，但年度统计数据应该从每月合计中得出——这不算什么会计学问，但反映了做会计的严谨态度。你们能力相当，所以，我们最后要看的就是各人的态度了。"

很显然，范静无论是对待老师给出的数学题目，还是对待面试时的"试卷"都仅仅是"做了"，却没有"做好"，最终，她得到的结果只能是失败。彼得·德鲁克认为："上天赐予了你工作的本能，因此，你千万不能懒散，这只会让你蒙受不幸。这个世界上，有人利用自己的天赋给社会创造美好的事物，而有的人却漫无目的，浪费自己的天资，直到晚年仍然穷困潦倒。原本可以创造美好的人生，结果却与成功擦肩而过。"

在日常工作和生活中，每个人需要做的事情很多，但是，无论做什么事情，要做就要做好。对每个人来说，正在做或者准备做的事情，一定是必须要做的。姑且不论是为了崇高的理想和伟大的事业，即便是基本的生存需求和责任以及义务需要，每个人也必须做好自己分内的事情。

做好一件事，一方面需要知识的积累，另一方面还需要付出很大的艰辛和无数的汗水，一般情况下没有轻而易举就可以达到的目的。而人往往会自私，也会有与生俱来的惰性，喜欢轻轻松松地贪图享乐，这些劣根性也常常会干扰人们正常做事。在这样的情况下，能不能把事情做好，就看自己如何调整心态了。

不过，对于即将要做的事情，不管你愿意还是不愿意，它都会客观地存在着，并且等着你去面对。在这样的情况下，抱着什么样的心态去做，结果大不相同。如果积极地应对，就有可能把事情做好，而消极被动地懈怠，事情就有可能向着事与愿违的方向发展，这是每个人都不希望看到的。

因此，既然所面对的事情是自己必须要做的，不如调整自己的心态，从内心接受自己必须要做这件事情的事实，然后采取积极的态度去面对，尽自己所能把事情做好。这样做的结果，一定会让更多的人满意，自己也会因为做了该做的事而心情舒畅。

记住，任何事情都值得我们努力去做，别轻视自己做的每一件事，哪怕是一件小事，自己也不能应付了事，认为只要我“做了”就算完成了，而是要竭尽全力、尽职尽责地把它做好。

延伸阅读

做，做了，做好

做事情，不能停留于“做”，也不能满足于“做了”，而要追求于“做好”。

“做”，是一个过程。“做”是“做了”的基础，是“做好”的前提。“做”是硬道理，不做，就不算履职，就不会有成果，也永远享受不到做事过程的愉悦和办成事之后的成就感。

“做”与“做了”有本质的区别。“做”是进行时，而“做了”是完成时，“做了”是相对于某个时间而言的。忙忙碌碌但不见结果，或是“做了”但已错失良机，其结果是“做了也白做”。在谋划“做”的时候，要有时间概念，清楚何时“做”。“做了”需要提前量，要为“做好”留有余地。有些事情，是在多次反复、听取方方面面的意见后逐步完善的。如果一件事“做了”的时间已经接近于这项工作的最后时限，那就意味着，你是“做了”，但别人已经没有时间在你“做了”的基础上进行完善深化。“做了”，需要有团队意识、整体观念。

“做好”是“做了”的升华，是做事追求的目标。“做好”的标准是什么？是动机与效果的统一。在谋划这件事情时，不仅要明白为什么做，怎么做，还要弄清做好这件事的基本要求，要达到的目的。

有些事情，虽然“做了”，但是在“做”的过程中，敷衍了事、不讲求质量，事是“做”了，但与做事的初衷、预期的目标相差甚远。有的事情，在“做了”的同时，就已经埋下了隐患；有的事情，“做”是“做了”，但是在“做了”的同时，引发新的矛盾，影响了和谐。如此，“做了”不如“不做”。

要想把事情“做好”就要求我们在做事过程中，对所承担的工作高度负责；要用心思考如何提高“做”的质量，思考与做好这件事有关的关联问题；要尽心，就是要投入、竭尽全力。

“做”，“做了”，“做好”，是做事的三部曲，前一步是后一步的基础，后一步是前一步的检验。做事要有“做”就要“做了”，“做了”就要“做好”，做不好不算“做了”，做不了不算“做”的心态，应不断地提升履职做事的质量。

请根据本节内容写出你的体会和改善计划

体会：____

改善计划：____________________________________

充电直通车

1. 体验小游戏：执行中无小事

本游戏环节体现的是个人的现场表现能力。

游戏规则：每个人面对大家阐述自己对执行中无小事的认识，并举自己身边的实例。每个人的准备时间为3分钟，阐述时间为3分钟。上一个人阐述完毕，大家分别给其打分，评分分值从1~10分的区间量取；去掉一个最高分，去掉一个最低分，取平均值后的分数为其最后得分。按最后得分由高到低排列，第一、二、三名给予适当的物质奖励。

游戏目的：让大家更为清晰地认识到执行中无小事。

通过本游戏，请你写下自己的感想

2. 互动环节：《你猜，你猜，大家猜猜猜》

本游戏环节体现的是榜样示范效应。

游戏规则：事先把单位内一些对待工作主动负责、全力以赴执行到位的典型员工的工作事例编成小故事（可以渲染、夸大，但不能一眼就看出是原事例）。把这些故事制作成文本，分发给每个人，让大家猜猜都是谁，全部猜对者奖励一份小礼品。

游戏目的：通过游戏把榜样的示范效应放大。

通过本游戏，请你写下自己的感想

3. 星光大道大 PK：谁是“执行最到位”的人

本游戏环节体现的是现场激励效应。

游戏规则：把所有的人按两个人一组进行分组。每一组可以从预先设置好的若干个工作场景中选择一个。然后，开始模拟工作，一次进行一组模拟，时间为 3 分钟，其他组的两人沟通后共同为模拟工作的两人分别评分。评分标准是重视工作中小事的程度；评分分值从 1 ~ 10 分的区间量取，去掉一个最高分，去

掉一个最低分，取平均值后的分数为其最后得分。所有的小组 PK 完毕后，按最后得分由高到低选出 10 名得分最高者进行最后的大 PK！

最后的大 PK 的规则同前一轮 PK。最后，按个人得分由高到低排序，第一、二、三名给予适当的物质奖励，其余 7 名入围者每人给予一份小礼品以资鼓励。

游戏目的：通过游戏激励大家争做“执行最到位”的人，让执行到位的观念深入每一个人的心底。

通过本游戏，请你写下自己的感想

第五章

小事情与大事业只有一步之遥

立足小事情，立志大事业

立足小事情是一条实现自己人生价值的必经之路。只有立足于工作中的每一件小事，踏踏实实、刻苦钻研、奋发图强，才能获得大事业的成功。

现在很多年轻人，尤其是刚刚踏入工作岗位的年轻人，往往容易产生浮躁心态和“速成”心理，他们认为自己是做大事的，总是眼高手低、朝三暮四、频繁地更换工作岗位，白白“折腾”了大好的青春和工作机会，到头来一事无成。

事实上，对于年轻人来说，立志做大事业并没有错。人生定位是对自己的一种期盼与要求，一个人能否给自己的人生正确定位，将决定其一生成就的大小。志在顶峰的人不会落在平地，甘心做奴隶的人永远也不会成为主人。

但是，在你立志做大事业的同时，你一定要清醒地认识到，要想成就大事业，必须立足于眼下的小事情，认真踏实地做好每一件小事。工作并没有好坏之分，只要努力，任何工作都可以帮助我们通向成功。一旦选择了工作，我们就应当踏踏实实地干下去，只要立足岗位、脚踏实地，即使是小事情也能干出大名堂。

一只新组装好的小钟放在了两只旧钟之间。两只旧钟“滴答”、“滴答”一分一秒地走着。其中一只旧钟对新来的小钟说：“来吧，你也该工作了。可是我有点担心，你走完31536万次以后，恐怕会受不了。”

“天哪！31536万次。”小钟吃惊不已，“要我做这么大的事？办不到，办不到。”

另一只旧钟说：“别听它胡说八道。不用害怕，你只要每秒摆一下就行了。”“天下哪有这样简单的事情。”小钟将信将疑，“不过如果真是这样，那我就试试吧。”

小钟很轻松地每秒钟“滴答”摆一下，不知

不觉中，一年过去了，它摆了31536万次。小钟每秒摆一下，不知不觉，在平凡中就完成了一件大事——走完了31536万次。由此看来，成功也不是一件难事，只要我们努力做好每一件小事就可以了。

在很多人看来，要成就一番事业，应该有高起点、高平台，如果岗位一般、环境不佳，那就很难有什么大成就。其实，平凡的岗位上也可以取得卓著的成绩，卑微的事物中也能够孕育出不凡的作为。工作中的高低之分，并不在于工作本身，也不在于起点，而在于每个人是否对自己的工作尽心尽力。

然而，很多人看不起小事，总是心浮气躁，好高骛远，这山望着那山高。由于没有立足小事埋头苦干，他们当然也不会有建功立业的成就感。这种人一见到别人做出了成绩，就会因羡慕而忌妒，进而大发“英雄无用武之地”的牢骚。同时，一旦领导给他们安排了重要的工作，他们又会因沾沾自喜而乐以忘忧，以致并不能尽善尽美地完成任务。

或许你觉得自己的工作琐碎、简单，提不起兴趣，也毫无创造性可言。可是，就是在这极其平凡的小事中、极其低微的位置上，往往蕴藏着巨大的机会。只有把每一件小事做得比别人更完美、更迅速、更正确、更专注，调动自己全部的智力，从旧事中找出新方法来，才能引起别人的注意，使自己有发挥本领的机会，满足心中大事业的愿望。

周涵是在20岁时进入工厂的。工作一开始，他就对自己说，自己不止是一个职员，还是一名统领这个厂的领导，要以领导的眼光去做事情。

于是，他主动要求从最基层的杂工做起。杂工不属于正式工人，也没有固定的工作场所，哪里有零活就要到哪里去。因为这项工作，周涵才有机会和工厂的各部门接触，因此对各部门的工作性质有了初步的了解。

在当了一年半的杂工之后，周涵申请调到汽车椅垫部工作。不久，他就把制椅垫的手艺学会了。后来他又申请调到电焊部、车身部、喷漆部、车床部等部门去工作。在不到五年的时间里，他几乎把这个厂的各部门工作都做过了。最后他又申请到装配线上去工作。

周涵的朋友都不理解他这样的做法，周涵笑着说："我并不急于当某一部门的小工头。我以能胜任领导整个工厂为工作目标，所以必须花点时间了解整个工作流程。我要学的，不仅仅是一个汽车椅垫如何做，而是整辆汽车是如何制造的。"

正如所料，几年后，他成为15位领班的总领班。

事实上，也正是为了成就什么或收获什么，我们才会对手头的工作加以关注，并为之付出精力。周涵正是胸中有大志，才能立足小事情，并从点点滴滴的小事中吸取养分，使自己不断成长，最终成就了一番事业。

也许你不喜欢眼下的工作，甚至感到了厌烦，但你要记住，这并不是老板或公司的错。需要改变的是你自己，你要学着去爱你眼下的工作！你只有爱你的工作，你才会用心去做。这是一个人最起码的职业道德、职业素养。如果你想做一番事业，那就应该把眼下的工作当做自己的事业，应该有非做不可的使命感。你也许认为自己志向远大，要做轰轰烈烈的大事，而不适合做这些具体、琐碎的小事。可是，你有没有想过，如果你连这些琐碎、具体的事情都做不好，你又怎么可能去做轰轰烈烈的大事呢?

生命中的大事皆由小事累积而成，没有小事的累积，也就成就不了大事。我们只有了解了这一点，才会开始关注那些以往认为无关紧要的小事，开始培养自己做事一丝不苟的态度，立志成就大事业，从而尽职尽责地做好自己的工作，达到完美的效果。

小事做好了，大事才有了成功的基础，小事带给我们的经验与体验一定能够帮助我们在未来的事业上取得成功。所以我们在立足小事的同时，别忘了给自己确立明确的事业目标，别忘了自己所有的职业努力都是为了以后能有一份自己的事业，能够更好的做好自己的事业!

延伸阅读

把工作当成自己的事业

世界首富、微软创始人比尔·盖茨先生说：如果只把工作当做一件差事，或者只将目光停留在工作本身，那么即使是从事你最喜欢的工作，你依然无法持久地保持对工作的激情。但如果把工作当做一项事业来看待，情况就会完全不同。

如果你把工作当成一种谋生的手段，甚至看不起自己的工作，就会感到艰辛、枯燥、乏味。而如果将工作当成自己的事业，你就会因此而迸发出无尽的热情与活力，自己的潜能也会得到最大程度的发挥。在自己不懈的努力下，业绩会不断攀升，每一次小小的进步，都会收获不小的成就。继而信心越来越足，不断超越自我，追求完美，又会取得更大的突破，自己的职业幸福感也会随之提升。这时工作对自己来说不再是一种苦闷，而是一种快乐。

请根据本节内容写出你的体会和改善计划

体会：______________________________

____

____

____

____

____

改善计划：______________________________

做，小事是伟大；想，大事已蹉跎

> 作为一名企业员工，你的任何业绩都是自己努力的结果，工作中的实干精神是优秀职员的必备素质。对于管理者而言，最看重的是员工的实干而非口头论道能力。

在企业中，只有积极行动才能解决工作中的实际问题。一个总是喜欢空谈，而没有主动行动精神的员工是没有战斗力的，企业不需要这样的员工。只有立即行动，迅速落实，想法才能变成生产力。

俗语说："罗马不是一天建成的。"既然一天建不成辉煌的罗马，那我们就应当专注于建造罗马的每一天。同样地，要实现卓越的人生，就要注重工作中平凡小事的积累。

谁都有梦想，但是光说不做是不可能获得成功的，做行动的巨人才是最实在的！如果只是沉浸在不切实际的幻想中，梦想着天上掉馅饼，而不是脚踏实地付诸行动，那么梦想恐怕永远都只是幻想。只有积极行动，才能将梦想变成现实。

任宏大学毕业后只身闯荡深圳，得知一家企业内刊招聘记者，他当即带着作品集赶了过去。

到现场一看，任宏才真切地感受到人才竞争的激烈和残酷：130 个人争夺一个岗位。平心而论，任宏对自己并没有信心，本来想打道回府，但又实在不甘心，于是抱着长长见识的心理留了下来。

任宏排在面试队伍的后面，主考官是该公司的老总。看着应聘者一个个面色凝重地离开考场，他强烈地意识到，只有来一场别出心裁的面试方式，才能出奇制胜。

这时，在会客室里坐等的几位应聘者的牢骚话引起了任宏的注意："来的都是有经验的人，小小内刊还拿不下来？一个面试还搞这么复杂！"，

“肯定要当面出题让应聘者动笔，我们带了作品集，用不着害怕。”

于是，任宏灵机一动，马上到楼下的打字店，以“求贤若渴”为题写了一篇现场短新闻。

回到会客室时，正好轮到任宏出场。

出人意料的是，神色已略显疲惫的老总既没提业务等专业问题，也没问他的应聘经历，却要他从自己的角度谈谈如何做一名优秀的内刊记者。任宏立刻递上了刚打印完的那篇短新闻稿，胸有成竹地回答：“敏锐。”

就这样，任宏成了应聘者中百里挑一的幸运儿。老总的理由是：“正确的方法大家都注意到了，但心动不如行动，想到更要做到，关键是看你是否最先做出大家都注意到的东西。”

对于企业老总关于“如何做一名优秀的内刊记者”这个问题，那些有丰富经验的应聘者每个人心中一定都有自己的答案，其中也一定不乏有很好想法和创意的人。但是，他们都仅仅停留在“想”和“说”的层面上。而任宏却用一篇小小的“现场短新闻”，就成功地脱颖而出了，成了百里挑一的幸运儿。

俗话说："说一尺不如行一寸。"任何希望、任何计划最终都必须落实到具体行动中。只有把自己的美好憧憬付诸实践，制订出切实可行的计划，才能不断缩短自己与目标之间的距离，最终达成所愿。

现实中，有些人仿佛认定自己生来就是做大事的，所以对小事不屑一顾、不闻不问、麻木不仁。但人的一生中又有多少大事呢？况且所谓的大事与小事是相对的，没有绝对的"大"，也没有绝对的"小"。能把小事做好的人，虽说最终不一定能做成大事，但做不好小事的人，肯定也做不了大事。

凡是有力量、有能耐的人，总是能够在对一件事情充满热忱的时候就立刻去做，无论这件事是大事还是小事。"一打纲领不如一个行动"，说一千道一万，关键在行动。没有行动，任何想法都没有意义。

我们身边有些人总想着做大事，而忽略了做小事；总为大事做谋划，而对小事轻视。一件事摆在面前，以为是小事，没有去做或没有做好；又出现了一件事，认为还有更大的事需要去做，又轻易放弃，周而复始，年复一年。最终的结果一般是小事不愿做，大事又做不来，庸庸碌碌，抱憾终生。

无论是大事还是小事，想到更要做到，想到不难，难的是想到并做到了。无论是什么样的事情，不努力去行动，都不可能成功。总期待着明天有大事等着自己去做，梦想一下子声名鹊起，因此，总是一味地等待，却不行动。“明日复明日，明日何其多。我生待明日，万事成蹉跎。”

“做”是一切业绩、一切财富的源泉，当我们树立了目标却不行动时，再好的蓝图也是画饼，再好的目标也等于零。我们无论从事何种工作，只要没有行动，就注定一切只能成为“水中月”。要想实现当初的完美目标，首先要将自己的工作做到位。

对于我们每一个人来说，一旦为自己设定了努力的方向和目标，就要脚踏实地去实现这个既定的目标。现代职场中，很多员工凡事都得过且过，虽然他们为自己设定了宏伟的目标，但是没有行动，最终还只是一场空想而已。

马云曾经说过：“比起一个一流的创意、三流的执行，我宁可喜欢一个一流的执行、三流的创意。”好的思想靠行动，好的概念靠运作，好的制度靠实施，

“停止空谈、开始实干”，只有这样我们才能使自己的想法变成事实，才能成就自己的梦想。

在职场中，你如果想提升自己、让自己脱颖而出，重要的不是坐而论道、抱怨连连，而是要紧抓落实、刻苦实干。也就是说，当面对一件事时，无论事情大小，你需要的是刻苦，是竭尽全力地行动，而不是计划和安排，更不是对相关问题抱怨连连。要知道，企业需要的不是嘴上说得漂亮的人，而是踏踏实实肯干的人。

延伸阅读

我现在就付诸行动

我的幻想毫无价值，我的计划渺如尘埃，我的目标不可能达到。

一切的一切毫无意义——除非我们付诸行动。

我现在就付诸行动。

一张地图，不论多么详尽，比例多精确，它永远不可能带着它的主人在地面上移动半步。一个国家的法律，不论多么公正，永远不可能防止罪恶的发生。

任何宝典，即使我手中的羊皮卷永远不可能创造财富。只有行动才能使地图、法律、宝典、梦想、计划、目标具有现实意义。行动，像食物和水一样，能滋润我，使我成功。

我现在就付诸行动。

拖延使我裹足不前，它来自恐惧。现在我从所有勇敢的心灵深处体会到这一秘密，要想克服恐惧，必须毫不犹豫，起而行动，唯其如此，心中的慌乱方能得以平定。现在我知道，行动会使猛狮般的恐惧，减缓为蚂蚁般的平静。

我现在就付诸行动。

从此我要记住萤火虫的启迪：只有在振翅的时候，才能发出光芒。我要成为一只萤火虫，即使在艳阳高照的白天，我也要发出光芒。让别人像蝴蝶一样，舞动翅膀，靠花朵的施舍生活；我要做萤火虫，照亮大地。

我现在就付诸行动。

我不把今天的事情留给明天，因为我知道明天是永远不会来临的。现在就去行动吧！即使我的行动不会带来快乐与成功，但是动而失败总比坐以待毙好。

行动也许不会结出快乐的果实，但是没有行动，所有的果实都无法收获。

我现在就付诸行动。

立刻行动！立刻行动！立刻行动！从今往后，我要一遍又一遍，每时每刻重复这句话，直到成为习惯，好比呼吸一般，成为本能。有了这句话，我就能调整自己的情绪，迎接失败者避而远之的每一次挑战。

我现在就付诸行动。

我要一遍又一遍地重复这句话。

清晨醒来时，失败者流连于床榻，我却在默诵这句话，然后开始行动。

我现在就付诸行动。

外出推销时，失败者还在考虑是否会遭到拒绝的时候，我要默诵这句话，面对第一个来临的顾客。

我现在就付诸行动。

面对紧闭的大门时，失败者怀着恐惧与惶惑的心情，在门外等候；我却默诵这句话，随即上前敲门。

我现在就付诸行动。

面对诱惑时，我默诵这句话，然后远离罪恶。

我现在就付诸行动。

只有行动才能决定我在商场上的价值。若要加倍我的价值，我必须加倍努力。我要前往失败者惧怕的地方，当失败者休息的时候，我要继续工作；失败者沉默的时候，我开口推销。我要拜访十户可能买我东西的人家，而失败者在一番周详的计划之后，却只拜访一家。在失败者认为为时太晚时，我能够说大功告成。

我现在就付诸行动。

现在是我的所有。明日是为懒汉保留的工作日，我并不懒惰。明日是弃恶从善的日子，我并不邪恶。明日是弱者变为强者的日子，我并不软弱。明日是失败者借口成功的日子，我并不是失败者。

我现在就付诸行动。

我是雄狮，我是苍鹰，饥即食，渴即饮。除非行动，否则死路一条。

我渴望成功、快乐、心灵的平静。除非行动，否则我将在失败、不幸、夜不成眠的日子中死亡。

我发布命令。我要服从自己的命令。

我现在就付诸行动。

成功不是等待。如果我迟疑，她就会投入别人的怀抱，永远弃我而去。

此时，此地，此人。

我现在就付诸行动。

请根据本节内容写出你的体会和改善计划

体会：

改善计划：

每天进步一点点，积小也可成大

> 每个人对成功的看法都不一样，但有一点毋庸置疑，成功就是每天进步一点点——只要我今天比昨天进步，明天能比今天进步一点点，这样的过程就是成功。

一个人，如果每天都能进步一点点，哪怕是1%的进步，试想，有什么能阻挡得了他最终达到成功？一个企业，如果“每天都进步一点点”成为其企业文化的一部分，当其中的每个人每天都能进步一点点，试想，有什么障碍能阻挡得住它最终的辉煌？

每天进步一点点，听起来好像没有冲天的气魄、没有诱人的硕果、没有轰动的声势，可细细琢磨一下：每天，进步，一点点，那简直又是在默默地创造一个意想不到的奇迹，在不动声色中酝酿一个真实感人的神话。不要小看这“一点点”：灵感，就那么一点点，便使你于混沌中豁然开朗；智慧，就那么一点点，便使你于危机中有了转机；勇气，就那么一点点，便使你于怯懦中增长了干劲。每天进步一点点，不是可望而不可即，也不是可遇而不可求，只是每天都不自视清高而眼高手低，每天都不踏在昨天的荣誉上自以为了不起。

竞争对手常常不是我们打败的，是他们自己忘记了每天进步一点点。成功者不是比我们聪明，而是他们比我们每天多进步一点点。

很多人终生一事无成，往往不是因为没有能力，而是缺乏耐心，看不上每天进步一点点，总是急于求成，老想一口吃成个胖子，结果放弃了每天的一点点进步，从而也就放弃了希望，放弃了成功。

有一位非常成功的推销员，曾经用这样一句话来总结他的经验：“你想要比别人优秀，就必须坚持每天比别人多访问 5 个客户。”这位推销员的成功之道，其实就是“每天进步一点点”。这是一种坚持，一种执著，一种积累，一种量变，也是事业成功者高于平庸者的最大秘诀。

无论你是一位刚刚就职的业务员，还是一位营销老总，都应该坚持到底、永不放弃，哪怕只是每天进步一点点。因为只要这样，一切都会由量变转化成质变，只要这样，你就会从容地迈向成功的彼岸。

曾有研究表明，成功来源于诸多要素的几何迭加。比如，每天笑容比昨天多一点点；每天走路比昨天精神一点点；每天行动比昨天多一点点；每天效率比昨天提高一点点；每天方法比昨天多找一点点……就好像数学算式中 50% ×50% ×50% =12.5%，而 60% ×60% ×60% =21.6%，每个乘项只增加了 10%，而结果却是成倍地增长。同样，作为员工，只要每天进步一点点，并坚持不懈，那么有一天你就会惊奇地发现，在不知不觉中，你已经在同事中脱颖而出，具备了承担更多责任的能力。

每天多走访一条街，每天多给客户打一个电话，每天多总结一条经验，每天多开发一个客户，每天的销量增加 1%……只要在各项工作中每天进步一点点，并长期坚持，那么总有一天领导就会惊奇地发现，在不知不觉中你的各项业绩已经鹤立鸡群，在考核表中你的各项指标已经遥遥领先。

如果一个员工在同事中具备了承担更多责任的能力，并拥有遥遥领先的业绩，那么升职加薪离他还会远吗？

人生也是一样，只要我们每天进步一点点，那么一年就进步 365 个一点点，持续这样做，人生中任何一点点差距都有可能在几年后相差十万八千里。每天进步一点点，是我们工作所需要的，也是我们一辈子的事情。

著名的亚历山大图书馆被一把大火烧毁了，只剩下一本残存的书。政府把这本书拿出来拍卖，但由于这本书没有什么学术价值，因此少有人问津。最后，有一个穷学生以 3 个铜币的低价把这本书买了下来。

穷学生在没什么书可看的情况下，经常会把这本书拿出来翻一翻，尽管此书既没有学术价值，内容又枯燥无味。翻的次数多了，这本原本就在火灾里差点被毁的书被翻破了。这时，从这本书的书脊里掉出来一张小纸条。穷学生拿起来看了一眼，发现上面写着这样几行字——试金石的秘密：试金石是能把任何金属变成纯金的一种小鹅卵石，它看起来和普通的鹅卵石没有两样，静静地躺在沙滩上；然而，一般的鹅卵石较冷，只有试金石摸起来是温暖的。

穷学生看到了这个秘密后，欣喜若狂。他马上赶到大海边去寻找试金石。他兴奋异常地挑选着那些海滩上的鹅卵石，然而，那些石头摸起来都是凉凉的。挑着挑着，他渐渐地有些失望了，于是，他便愤懑地把捡起来的每块凉凉的鹅卵石往大海深处狠狠地扔过去。

就这样，他日复一日、年复一年地在海滩上扔鹅卵石，而且扔鹅卵石的力气越来越大，那些鹅卵石也被越扔越远。

几年过去了，穷学生还是每天都会到海滩上去挑鹅卵石，然后把它扔到大海深处。直到国王举行建国百年庆典，摆了一个擂台，说要寻找全国力气最大的人，谁赢得冠军谁就会被封为伯爵，并获得大量黄金和良田的赏赐。

穷学生想起这么多年自己在海边扔鹅卵石的

经历，觉得机会来了。他随着众人前去看热闹，看来看去，觉得那些上去打擂的人没有一个比自己的力气大。于是，他上台去比试，结果把参赛者一个个都打败了。最终，他获得全国大力士冠军，得到了国王的赏赐。

即便是每天捡鹅卵石扔鹅卵石这样简单的动作，只要能每天坚持，也能为自己带来机遇。穷学生每天扔鹅卵石的举动，每天都能让他的力气增长一点点，这样日积月累，终于使他成为了全国无敌的大力士，他也因此获得了荣誉和财富。正如穷学生扔鹅卵石这个动作，每一次都是下一次力量增长的基础。我们在工作上每天多付出一点点，正确的事情多做一点点，我们就离事业上的更高一层楼更进了一步。久而久之，你必将站在事业的最高处。

在现实生活中，很多人在实现梦想的路上之所以会半途而废，很多时候是因为梦想太大，让自己感觉到太过遥不可及。如果我们把目标定小一些、定近一些，脚踏实地真正做到每天进步一点点，过了若干岁月，我们的人生财富会壮大到连我们自己都难以置信的程度。

延伸阅读

每天反省一下自己

反省是心灵镜鉴的拂拭，是精神的洗濯。反省的过程就是一个人心智不断提高的过程，是一个人心灵不断升华的过程，也是我们对所遵循的标准不断反思和不断提高的过程。

自省是认识自我、发展自我、完善自我和实现自我价值的最佳方法。心平气和地正视自己，客观地反省自己，既是一个人修身养德必备的基本功之一，又是增强人的生存实力的一条重要途径。

一个具备反省能力的人一定能够对自己提出严格要求。他们总是寻找自己的不足，力求改进这些不足；他们总是能够虚心听取别人的意见，从别人的建议中汲取营养，使自己变得更加完善；他们不会害怕自我批判和自我否认，因为他们知道自我否认的目的是为了使自己达到一个更高的层次。

因此，具备反省能力的人在自我否认的背后，他们实际上有着充分的自信，在不断的反省中获取前进的力量，让自己变得更优秀。

经常反省自己，可以去除杂念，对事物有清晰、准确的判断，理性地认识自己，并提醒自己改正过失。只有全面地反省，才能真正认识自己，才能不断完善自己。因此，每日反省自己是不可或缺的功课。通过经常反省自己的思想和行为，无情地自我解剖，严格地自我批评，及时地改正自己的过错，就能把过失和错误消灭于萌芽状态。

当然，反省不必拘泥于形式，咖啡屋静坐时，茶楼品茗时，深夜独处时，晚上临睡前，时时处处皆可进行，并让其成为一种习惯，像晚上临睡前的祷告一样，对自己一天的行为做一个深层次的检查，不断发现和改正自己的缺点，认识和发扬自己的长处，并不断激励自己，超越自己，从而让自己的人生之路走得更稳、更好，也更远。

请根据本节内容写出你的体会和改善计划

体会： ____

____

____

____

改善计划：______________________________

____

____

____

____

____

____

____

____

____

大事做细，小事做精

在现实生活中，想做大事的人很多，但愿把小事做细的人很少。其实，企业不缺少雄韬伟略的战略家，缺少的是精益求精的执行者；不缺少各类管理规章制度，真正缺少的是对规章条款不折不扣的执行。正如中国一句名言：“细微之处见精神。”

什么是细节？从表面意思来看，细节就是细小的环节或情节。曾有人做过这么个比喻，细节是转动链条上的扣环，是千里钢轨上的铆钉，是太空飞船上的螺丝，是参天大树的毛枝……事实也就是如此。细节虽细，却是基础，少不得，离不了。一个小洞可以让巨轮沉入海底，一个蚁穴可以导致大坝垮塌，一个烟头可以引发森林火灾，一丝火星可以造成瓦斯爆炸……

这些教训告诉我们，细节疏忽不得，小事不能大意。

细节小事有多重要？细节小事就是一切。大事业都是从细节小事做起的。很多时候，失败都是错在细节小事，细节小事不容易被重视，所以有那么多人失败。大部分人都不太注重细节，因为他们不是真正了解大事是由细节小事组成的，做细节小事就是在做大事。小而专注的行动，如果用对了地方，能够产生重大、持久的改善。

在职场中，我们所说的细节，就是指一个工作整体中极为细小的组成部分，或者一个任务系统中极其细微的环节。有些人认为细节并不重要，“成大事者不拘小节”，他们把细节等同于鸡毛蒜皮，大有重视细节就有浪费时间的嫌疑。其实，细节是贯穿于员工职业生涯所有环节和成长进程的，在市场竞争日趋激烈的今天，它已经越来越成为员工在职场中生存和发展的生命线。

细节是生活与事业中一些很小的闪光点，但它的作用却不可低估，有些人奉行做大事，认为自己高人一等，胜人一筹，而忽视细节，结果没有提升自己，反而更加失败。因为他们不明白浩瀚的大海是由一滴滴水融汇而成，茂盛的森林是千百棵树连接而成，骄人的战绩更是无数细小的成功凝聚而成，让我们把握生命中的细节，酝酿过程中的细节之美，只有这样你才会不断地取得成功。

的确，细节在我们生活中表现出来的魅力是无与伦比的，你可能因为对它的注重而使你抓住很多机会，从而体现了自身的价值，修复了自己的人生，完善了自己的品格。成绩与荣誉是一点一滴堆积起来的，没有小的成功哪有大的收获。

细节的文化底蕴与深刻含义往往是一般人难以把握的，相反，对细节有一定的认知，能用细节来塑造自己的人是既聪明又成功的人，他们了解细节之美，能灵活运用细节给他们带来的财富，从而使自己即使置身于瓦砾之中，也能闪烁出耀眼的光芒。

托尔斯泰曾说过：一个人的价值不是以数量而是以他的深度来衡量，成功者的共同特点就是能做小事情，能够抓住生活中的一些细节。小事成就大事，细节成就完美。要做好小事，其保证是把小事做细。如果粗枝大叶去做一件小事，那是不可能做好的。将小事做细，就是将小事做到位、做透彻。丰田汽车社长认为：其公司最为艰巨的工作不是汽车的研发和技术创新，而是生产流程中一根绳索的摆放要不高不矮、不偏不歪。而且要确保每位技术工人在操作这根绳索时都无任何偏差。

张立和徐克都是一家天然气公司的货运司机，张立已经在这家公司干了二十多年，而徐克是半年前才应聘到这家公司上班的。

徐克常常嘲笑张立对工作过于一本正经，用他的话说就是："如此简单而卑微的工作，实在没有必要把它太当回事儿，只要我们保住这个饭碗，维持一家人的生活就足够了。"但是张立却不这么认为，他在每一次出车时都要用心地检查车辆的状况，还要检查车上的天然气罐是否有隐患。在徐克眼里，张立所做的一切都是"多此一举"。

有一天，徐克准备和张立一起去送一批货，他已经跳上了车，但是正在检查自己车上货物的张立看到徐克车上有一罐天然气没有封紧，而且徐克的汽车底下还漏油。他们让工程人员迅速把那罐有问题的天然气换下，徐克的汽车也因问题的严重而停止营运。结果就在当天，他们的另外一位同事因遇上了和徐克同样的问题而在行驶中车毁人亡了。

那件事情发生之后，徐克就不再这么认为了，而且他也为自己感到幸运：幸亏张立凡事用心，否则自己早就一命呜呼了。

在徐克的眼中没有细节，而张立却始终坚持把“大事做细，小事做精”，认真对待工作中每一个细节，正是这样，他不仅做好了工作，还救了徐克一命。由此可见细节的重要性。

看不到细节，或者不把细节当回事的人，对工作缺乏认真的态度，对事情只能是敷衍了事，这种人无法把工作当做一种乐趣，而只能当做一种不得不受的苦役，因为在工作中缺乏热情，他们只能永远做别人分配给他们做的工作，甚至，即便这样也不能把事情做好。而考虑到细节、注重细节的人不仅认真对待细节，将小事做细，而且注重在做事的细节中找到机会，从而使自己走上成功之路。

我们绝不缺乏聪明才智，缺少的就是对“精细”的执著态度。每一个员工在自己平凡的岗位上做好每一件小事，小事才能成就大事。“做事不贪大，做人不计小”，没有细节的累积就没有成功的结果。这不需要员工有多高的学历，多强的能力，只需要做一个有心人，心存企业、心存工作，认真地去对待工作中的每一个细节，并将其做到尽善尽美。

因此，在工作中要提高你的执行力，就是要树立一种严谨些、再严谨些，细致些、再细致些的工作作风，改变心浮气躁、浅尝辄止的毛病，以精益求精的精神，不折不扣地执行好各项重大战略决策和工作部署，把大事做细，把小事做精！

延伸阅读

工作中的“大事”与“小事”

一个员工的职责就是执行任务，看起来他执行的事情很重要，但执行中的很多细节都是绝不能出错的小事，一旦出错，胜利可能就与之失之交臂，甚至导致惨重的失败。也就是说，员工在二作中遇到的事情有相对轻重之分，但执行对象大都是具体的小事。当然促成大事业的每一个步骤看起来不一定都很重要，或者说企业中每个人所做的事不一定都很重要，但要成就大事业，这些步骤就都不能少，因为哪一个环节出了问题，都可能影响大事甚至破坏大事。正因为执行落到实处的都是小事，所以允许这些小差错存在就是姑息养“患”、就是执行的失败，甚至可能导致事业的失败。

事实上，对于一般员工来说，工作中一般无大事，所谓“大事”与“小事”都是相对的。众多事实表明，先做好小事，再去做大事是作为一个干事业的人应遵循的基本原则，只有做好了小事，才能有机会、能力和信心去做好大事。团体的大事业本来都是具体到每个人的日常工作中的，只有把自己工作中的所有小事做精、做细、做实、做好，我们才能抓住机遇，才有成就大事业的更多筹码和资本。

因此，我们在工作中一定要注重一点一滴的积累，这样才可能创造奇迹。如果一个人对于工作中遇到的每一件小事，都能不等领导催促便主动做好，那么这个人就已经具备了很强的责任心和成就大事业的素质。

请根据本节内容写出你的体会和改善计划

体会：

改善计划：

小事情，成就大事业

作为一个普通人，我们在工作和生活中，很显然都是重复地做着许多小事，有时候我们会想自己这样值得吗？总是认为“天将降大任于斯人也”，有时候就会怀着无所谓的态度，认为这些小事不需要太认真，有种不屑一顾的感觉。殊不知，能够将这些小事做好也是一件不容易的事，俗话说得好，“不积跬步，无以至千里”。将很多小事都做好这至少代表你在对待这些小事上是成功的。如果经常能够将小事做好，注意细节，将会培养一种细心、不骄不躁的好习惯，为我们以后的发展打下良好的基础。

著名教育家陶行知先生说：“本来事业并无大小；大事小做，大事变成小事；小事大做，则小事变成大事。”如果说生活中的事只是自己的事情的话，那么工作中的事就不仅仅是自己的事了，它还牵涉到同事、团队，甚至是整个公司。不要认为自己所做的工作太“小儿科”了就不认真对待，敷衍了事。

在工作中，没有任何一件事情，小到可以被抛弃；没有任何一个细节，细到应该被忽略。同样是做小事，有的人最后成功了，就是因为他们没有把这些小事当做小事来做。有的人一辈子都在做小事，却做不出什么名堂来，为什么呢？就是因为他们没有重视这些小事，没有从小事中积累出经验，所以才一辈子都没有进步。

王小丫是被广大观众所喜爱的央视著名主持人。她大学刚毕业的时候，被分配到一家报社，本以为自己可以一进去就当记者，但万万没有想到，领导让她做的工作居然是到通联部抄信封！

“抄信封这种工作，只要是会写字的都能干，我大学苦读了四年难道就是为了干这种工作吗？领导也太瞧不起人了！”

换了一般人，没准一生气干脆就辞职不干了。

而王小丫尽管也这样想，却依然留下来，认真做好抄信封的工作。她想：既然领导这么安排，肯定有他的考虑，或许这份工作正好缺人。抱着这样的心理，她没有抱怨，而是认真地把领导交代的工作做好。

三个月后，她一个人就能完成三个人的工作量。她的表现被领导看在眼里，觉得这个女孩真不错，别人不屑一顾的工作能做得如此出色，如果给她更重要的位置，一定可以做得更好。于是，领导重新安排了她的工作，从此以后，她先后担任了文摘版、理论版和副刊的编辑……

每个刚刚大学毕业走向工作岗位的年轻人应该都曾有过王小丫这样的经历，但是有几个像王小丫一样停止抱怨、踏踏实实地把手上的小事做好呢？做小事的时候不要抱怨自己怀才不遇，因为每个人都不可能一开始就做大事。一方面自己还没有资格做，比自己强的大有人在；另一方面自己还没有能力做，缺少做大事的本领和经验。无论多么优秀的人才，在工作初期都有可能被派去做一些琐碎的小事。在这种情况下，有一句重要的忠告需要我们年轻人铭记在心：与其浑浑噩噩浪费时间，不如从你经手的每一件琐事、每一件小事中得到成长。

在我们的印象中，擦皮鞋绝对是一种难登大雅之堂的职业，可一个名叫源太郎的日本人，就是凭借擦皮鞋而成就了自己辉煌的人生。

多年前，源太郎失业了。一个偶然的机会，他从一位美国军官那里学会了擦皮鞋，而且很快就迷上了这种工作；只要他听说哪里有好的擦鞋匠，他就千方百计地赶去请教、虚心学习。

日子一天天的过去了，源太郎的技艺越来越精。他的擦鞋方法别具一格：不用鞋刷，而用木棉布绕在食指和中指上代替，鞋油也自行调制。那些早已失去光泽的旧皮鞋，经过他独具匠心的一番擦拭，无不焕然一新，光可鉴人，而且光泽可保持一周以上。他的精湛技艺，打动了东京一家名叫“凯比特东急”的四星级饭店，他们将源太郎请到饭店，为饭店的顾客擦鞋。令人惊讶的是，自从源太郎来到“凯比特东急”之后，演艺界的各路明星一到东京便非“凯比特东急”不住，明星们对此情有独钟的原因就是享受一下该店擦鞋的“五星级服务”。而他的老主顾不只来自东京、京都、北海道，甚至还有中国香港、新加坡等地。在他简朴的工作室内，堆满了发往各地的速递纸箱。而源太郎早已成为“凯比特东急”的一块金字招牌。

从源太郎身上我们看到，只要我们用心去做，哪一件小事不能成就大业呢？要想成就大事，就要从小事情做起，小事情不等于没有远大的理想和伟大的目标。做好点点滴滴的小事，需要付出艰苦的努力，只要有吃苦耐劳的品质，小事积多，就会慢慢发展壮大，最终走向成功。正所谓“合抱之木，生于毫末；九层之台，起于累土；千里之行，始于足下”。

俞敏洪谈及他做新东方的心得时，这样说道：“任何一个伟大的东西，你分到日常的每一天去做，都是很小的事情，甚至是很无聊的事情，对吧？但是你得认识到，日复一日地，你跟政府领导吃饭；日复一日地，你背着书包去上课；日复一日地，你处理新东方内部员工琐碎的事情……这些东西是需要你有强大的现实主义精神才能做成的。"

总之，工作中无小事。每一件事都值得我们去做，即使是最普通的事，也不应该敷衍应付或轻视懈怠，相反，应该付出你的热情和努力，多关注怎样把工作做得最好，全力以赴、尽职尽责地去完成。

延伸阅读

办公室里的"小事"

1. 保持办公桌的整洁、有序

如果一走进办公室，抬眼便看到你的办公桌上堆满了信件、报告、备忘录之类的东西，就很容易使人感到混乱。更糟的是，这种情形也会让你觉得自己有堆积如山的工作要做，可又毫无头绪，根本没时间做完。面对大量的繁杂工作，你还未工作就会感到疲惫不堪。凌乱的办公桌在无形中会加重你的工作任务，冲淡你的工作热情。因此，要想高效率的完成工作任务，首先就必须保持办公环境的整洁、有序。

2. 办公室里严禁干私活、闲聊

在办公室里干私活是不对的。一方面是因为工作时间内，公司的一切人力、物力资源，仅属于公司所有，只有公司方可使用。任何私事都不能在上班时间做，更不能私自使用公司的公物。另一方面，就员工个人而言，利用上班时间处理个人私事或闲聊，会分散注意力，降低工作效率，进而影响工作进度，造成任务预期不能完成。所以将办公时间全部用在任务的完成上，是必要的，也是必须的。

3. 在办公室把手机关掉或调成静音

上班时间不要随便接听私人电话，要记住你的手机的声音会让身边的同事或上司反感，而别人反感的情绪又会直接影响你的工作情绪，最终导致个人乃至整个团队工作效率的降低。如果你随便接听私人电话，就会分散注意力，很有可能导致你对任务的认识产生偏差，进而使任务不能按期完成。

4. 下班后不要立即回去

下班后要静下心来，将一天的工作简单做个总结，制订出第二天的工作计划，并准备好相关的资料。这样有利于第二天高效率的开展工作，使工作按期或提前完成。离开办公室时，不要忘了关灯、关窗，检查一下有无遗漏的东西。

5. 适时关闭你的电脑

除非必要否则不要让电脑在上班时间一直开着，更不能借工作掩护上网、玩游戏、看 DVD。在工作中，热衷于做这些事，只会浪费你有限的时间和精力，增加你的工作压力感，提高绩效自然也就无从谈起了。最好的做法是：在做完当天的工作，为明天的工作找好资料后就关闭电脑，控制自己上网、玩游戏的欲望。闲暇时间，可以买几本专业书籍充电。

请根据本节内容写出你的体会和改善计划

体会：____

改善计划：____

充电直通车

1. 体验小游戏：小事情，成就大事业

本游戏环节体现的是个人的现场表现能力。

游戏规则：每个人面对大家阐述自己对小事情成就大事业的认识，并举自己身边的实例。每个人的准备时间为3分钟，阐述时间为3分钟。上一个人阐述完毕，大家分别给其打分，评分分值从1～10分的区间量取；去掉一个最高分，去掉一个最低分，取平均值后的分数为其最后得分。按最后得分由高到低排列，第一、二、三名给予适当的物质奖励。

游戏目的：让大家更为清晰地认识到小事情成就大事业。

通过本游戏，请你写下自己的感想

2. 互动环节：《你猜，你猜，大家猜猜猜》

本游戏环节体现的是榜样示范效应。

游戏规则：事先把单位内一些通过立足小事情、成就大事业的典型员工的工作事例编成小故事（可以渲染、夸大，但不能一眼就看出是原事例）。把这些故事制作成文本，分发给每个人，让大家猜猜都是谁，全部猜对者奖励一份小礼品。

游戏目的：通过游戏把榜样的示范效应放大。

通过本游戏，请你写下自己的感想

____

____

____

____

____

____

____

____

____

____

3. 星光大道大 PK：谁是“立足小事情，立志大事业”的人

本游戏环节体现的是现场激励效应。

游戏规则：把所有的人按两个人一组进行分组。每一组可以从预先设置好的若干个工作场景中选择一个。然后，开始模拟工作，一次进行一组模拟，时间为 3 分钟，其他组的两人沟通后共同为模拟工作的两人分别评分。评分标准是重视工作中小事的程度；评

分分值从 1 ~ 10 分的区间量取，去掉一个最高分，去掉一个最低分，取平均值后的分数为其最后得分。所有的小组 PK 完毕后，按最后得分由高到低选出 10 名得分最高者进行最后的大 PK！

最后的大 PK 的规则同前一轮 PK。最后，按个人得分由高到低排序，第一、二、三名给予适当的物质奖励，其余 7 名入围者每人给予一份小礼品以资鼓励。

游戏目的：通过游戏激励大家争做“立足小事情，立志大事业”的人，让小事情成就大事业的观念深入每一个人的心底。

通过本游戏，请你写下自己的感想